Jonas Pfister

Kritisches Denken

Reclam

RECLAMS UNIVERSAL-BIBLIOTHEK Nr. 14033
2020 Philipp Reclam jun. Verlag GmbH,
Siemensstraße 32, 71254 Ditzingen
Gestaltung: Cornelia Feyll, Friedrich Forssman
Druck und Bindung: Esser printSolutions GmbH,
Untere Sonnenstraße 5, 84030 Ergolding
Printed in Germany 2024
RECLAM, UNIVERSAL-BIBLIOTHEK und
RECLAMS UNIVERSAL-BIBLIOTHEK sind eingetragene Marken der Philipp Reclam jun. GmbH & Co. KG, Stuttgart
ISBN 978-3-15-014033-8

www.reclam.de

Pfister | Kritisches Denken

Inhalt

Vorwort

Dieses Buch führt Sie in das kritische Denken ein.[1] Kritisches Denken (engl. *critical thinking*) meint ein sorgfältiges und zielgerichtetes Überlegen. Man könnte es auch ein reflektierendes, rationales oder aufgeklärtes Denken nennen. Es geht also nicht um »kritisch« im Sinne einer negativen oder abschätzigen Beurteilung, sondern vielmehr um sorgfältiges Prüfen. Denken kann jeder, doch im kritischen Denken kann sich jeder von uns noch verbessern. Weshalb das so ist und wie man sich darin verbessern kann, werden Sie in diesem Buch erfahren.

Warum ist es wichtig, kritisch zu denken? Zwei Gründe stehen meines Erachtens im Vordergrund:

Erstens ist kritisches Denken ein zentraler Aspekt von einer selbständigen und selbstbestimmten Persönlichkeit, einer Persönlichkeit, die weder blind dem folgt, was andere sagen, noch allein dem, was dem Gefühl nach richtig zu sein scheint. Es geht vielmehr darum, vernünftig Überzeugungen zu bilden und rational Entscheidungen zu treffen. Wollen wir uns also zu einer solch kritisch denkenden Persönlichkeit entwickeln, so müssen wir die Fähigkeit ausbilden und anwenden, kritisch zu denken.

Zweitens bildet kritisches Denken eine der zentralen Grundlagen dafür, dass wir unsere Bürgerrechte wahrnehmen und unsere Bürgerpflicht in einer Demokratie erfüllen können, um etwa bei Wahlen und Abstimmungen vernünftige Entscheidungen zu treffen. Wenn wir in einer modernen Gesellschaft leben und unseren Beitrag zu ihr leisten wollen, dann müssen wir im positiven Sinne möglichst kritische Denkerinnen und Denker werden.

Was braucht man dazu? Der Philosoph Immanuel Kant (1724–1804) merkt in seiner Schrift *Beantwortung der Frage: Was ist Aufklärung?* (1784) an, dass Aufklärung der »Ausgang des Menschen aus seiner selbst verschuldeten Unmündigkeit« sei. Unter Unmündigkeit versteht Kant »das Unvermögen, sich seines Verstandes ohne Leitung eines anderen zu bedienen«. Die Hauptursachen dafür, weshalb die meisten Menschen im Zustand der Unmündigkeit verharrten, sind nach Kant Faulheit und Feigheit. Positiv gewendet bedeutet dies, dass man zunächst, wenn Kant recht hat, nichts anderes als Einsatz und Mut benötigt, um kritisch zu denken. Wir müssen es wollen und wagen.

Wir können zu besseren Entscheidungen gelangen, indem wir unsere Denkfähigkeit bewusster einsetzen. Allerdings ist das nicht genug, denn wir wissen heute dank der kognitionspsychologischen Forschung besonders von Amos Tversky (1937–1996) und Daniel Kahneman (*1934), dass wir auch dann irrational sein können, wenn wir unsere Geisteskräfte voll einsetzen. Es gibt Prozesse, die unbewusst ablaufen, auch und gerade dann, wenn wir uns konzentrieren. Wir müssen also die Funktionsweise solcher Prozesse verstehen, damit wir Mittel finden, wie wir ihren negativen Einfluss minimieren.

Wodurch zeichnet sich diese Einführung aus? Sie

- liefert anschauliche Geschichten und konkrete Beispiele,
- erläutert möglichst verständlich den Aufbau und den Einsatz von Argumenten,
- bietet Fragen am Ende jeden Kapitels an; einige dienen der Übung von Fähigkeiten, andere der Selbstreflexion, einige sind als eine Art Selbsttest konzipiert und wie-

derum andere regen (etwa in der Form von Rätseln) zum Weiterdenken an,
- führt in exemplarische, gesellschaftspolitisch relevante Themen wie die Gefahren von Verschwörungstheorien und Fake News ein,
- bezieht sich auf Forschungsergebnisse aus der Kognitionspsychologie und
- verfolgt ein eigenes Konzept auf der Grundlage kognitionspsychologischer Erkenntnisse.

Der letzte Punkt unterscheidet diese Einführung von vielen anderen, und hinsichtlich der zugrunde gelegten Theorie ist sie bislang einzigartig. Grundlage ist die Theorie von Keith Stanovich (*1950), die eine Erweiterung derjenigen von Tversky und Kahneman darstellt.[2] Im letzten Kapitel wird sie kurz erläutert, und es wird aufgezeigt, welche Teile in welchen Kapiteln aufgenommen wurden. Wer sich dafür interessiert, kann die Lektüre des Buches auch damit beginnen.

Ein weiterführendes Ziel des Buches ist es, dass Sie tatsächlich in der Lage sind, besser kritisch zu denken. Das kritische Denken ist ein rationales Denken. Das Ziel ist also, rationaler zu denken. Natürlich geschieht dies nicht allein durch die Lektüre eines Buches. Die Fragen am Ende der Kapitel mögen Ihnen eine Anregung dazu sein, Ihr kritisches Denken zu üben. Sicherlich werden Sie genügend Situationen in Ihrem Alltag finden, in denen Ihr kritisches Denken gefragt ist und in denen Sie einiges des Gelernten anwenden können.

1. Was ist kritisches Denken?

Beginnen wir mit einer Parabel des britischen Mathematikers und Philosophen William Clifford (1845–1879):

> Ein Reeder war dabei, ein Schiff für Auswanderer auf See zu schicken. Er wusste, dass es alt und von Anfang an nicht übermäßig gut gebaut war, dass es viele Meere und Klimazonen gesehen hatte, und dass es oft Reparaturen benötigte. Zweifel wurden ihm gegenüber geäußert, dass es möglicherweise gar nicht seetüchtig sei. Diese Zweifel beunruhigten ihn und machten ihn unglücklich. Er dachte, dass er es vielleicht gründlich überholen und wieder in Stand setzen lassen sollte, auch wenn ihn dies finanziell sehr belasten würde. Bevor das Schiff in See stach, gelang es dem Reeder jedoch, diese trübsinnigen Gedanken zu überwinden. Er sagte zu sich selbst, dass das Schiff es bislang sicher durch so viele Reisen geschafft und so viele Stürme überstanden hatte, dass es nun sinnlos wäre, anzunehmen, es würde von dieser Reise nicht wieder sicher zurückkehren. Er würde auf die Vorsehung vertrauen, die all diese unglücklichen Familien schützte, die ihr Vaterland verließen, um anderswo bessere Möglichkeiten zu finden. Er würde alle kleinlichen Verdächtigungen über die Ehrlichkeit von Bauherren und Vertragspartnern aus seinem Kopf verbannen. Auf diese Weise kam er zu der sowohl aufrichtigen als auch für ihn bequemen Überzeugung, dass sein Schiff absolut sicher und seetüchtig sei. Er beobachtete dessen Abreise mit leichtem Herzen und wünschte den Auswanderern viel Erfolg in ihrem neuen fremden Zu-

hause. Und er erhielt sein Versicherungsgeld, als es in der Mitte des Ozeans unterging und nichts über die Geschehnisse davor verriet.[3]

Würden Sie sagen, der Reeder sei schuldig dafür, dass diese Menschen ertranken? Und wenn ja, weshalb ist er schuldig? Was hat er Falsches getan?

Vermutlich werden Sie anführen, dass der Reeder sich erstens hätte informieren müssen, wie es um den Zustand seines Schiffes genau stand. Zweitens hätte er nur dann das Schiff auslaufen lassen dürfen, wenn es tatsächlich seetüchtig gewesen wäre. Stattdessen hat er die anfänglichen Bedenken verdrängt und sich nicht mehr um sie gekümmert. Er ließ sich von Wunschdenken leiten. Er wollte unbedingt, dass das Schiff seetauglich ist, hat also nach Hinweisen gesucht, die diesen Glauben stützen, und schob anderslautende Hinweise einfach zur Seite. Die Alternative, dass das Schiff nicht seetauglich sein könnte, war ihm zu unangenehm.

Sehen wir uns etwas genauer an, wie er dabei vorgegangen ist:

- Erstens hat er aus der Tatsache, dass das Schiff bereits viele Male sicher unterwegs war und unbeschädigt zurückgekommen ist, darauf geschlossen, dass es auch dieses Mal so sein werde, obwohl es bei Schiffen gerade umgekehrt ist: Je öfter ein Schiff unterwegs ist, ohne in der Zwischenzeit gewartet worden zu sein, desto mehr Schwachstellen wird es aufweisen und desto größer ist die Wahrscheinlichkeit, dass es tatsächlich einmal sinkt. Der Reeder hat also einen Denkfehler begangen.

- Zweitens hat er sich auf die Vorsehung (das Schicksal) gestützt, also auf eine Annahme, die nicht weiter begründet ist. Man darf in einem solchen Fall, in dem es um Leben und Tod geht, die Entscheidung nicht einfach auf eine unbegründete Annahme stützen.
- Drittens hat der Reeder die Vorsehung lediglich dafür bemüht, seine Meinung zu rechtfertigen. Er hat nach Gründen gesucht, die seine Meinung stützen, statt auch nach Gründen zu suchen, die gegen diese sprechen. Gerade dann, wenn man eine wichtige Entscheidung fällt, muss man sich überlegen, was allenfalls gegen diese spricht.
- Viertens hat er mögliche Einwände, die ihm durch den Kopf gegangen sind, als unwichtig abgetan und zur Seite geschoben. Stattdessen hätte er versuchen müssen, die möglichen Einwände möglichst stark zu machen.

Der Reeder hat also insgesamt schlecht nachgedacht. Wir können auch sagen, dass er unkritisch war, und zwar sowohl dem Inhalt einiger relevanter Überzeugungen gegenüber – gewisse Überzeugungen hat er fraglos übernommen, andere zur Seite geschoben – als auch dem Prozess gegenüber, wie sie entstanden sind – er hat nicht geprüft, ob der Weg, der ihn zu jener Entscheidung gebracht hat, tatsächlich ein vertrauenswürdiger war.

Verändern wir nun den Fall ein wenig. Nehmen wir an, dass das Schiff doch nicht in schlechtem Zustand war und dass die Auswanderer heil an ihr Ziel gelangten. Würde dies die Schuld des Reeders verringern?[4]

Vermutlich werden Sie zustimmen, dass der Reeder schuldig bleibt. Denn er hat Fehler begangen, die man ihm zu dem Zeitpunkt vorwerfen könnte, da das Schiff noch nicht ausgelaufen ist. Diese bleiben darüber hinaus bestehen, auch wenn sich die Überzeugungen des Reeders trotz allem als wahr herausstellen sollten. Das bedeutet also, dass wir das Denken und Handeln auch unabhängig der tatsächlich eingetretenen Folgen bewerten.

Nicht alle unsere Entscheidungen sind (zum Glück) von dieser Tragweite. Dennoch hat das, was wir denken, Auswirkungen auf das, was wir tun, und dies hat mehr oder weniger große Folgen für unser Leben oder dasjenige anderer. Unser Denken kann sogar fatale Folgen nach sich ziehen, wie die Geschichte zeigt. Es ist also wichtig, sich darum zu kümmern, wie die eigenen Überzeugungen entstehen. Es stellt sich somit die Frage: Wie sollen wir am besten vorgehen, wenn wir uns eine Meinung bilden oder eine Entscheidung treffen?

Kritisches Denken

Der Reeder in der Geschichte ist unkritisch vorgegangen. Wir wollen *kritisch* vorgehen. Das Wort »kritisch«, vom griechischen Verb *krínein*, bedeutet, dass wir *unterscheiden*, was richtig und was falsch, was wichtig und was unwichtig, was erstrebenswert und was vermeidenswert ist, dass wir also *urteilen* – nicht verurteilen –, und zwar nach gewissen Maßstäben. Kritisch zu denken, meint demnach, dass wir sorgfältig prüfend und überlegend zu einem Urteil gelangen. Der amerikanische Philosoph John Dewey (1859–1952) lieferte vor über einem Jahrhundert eine von mittlerweile vielen Definitionen für ein solches Denken. Er definierte das reflektierende Denken (engl. *reflective thought*) als »aktive, beharrliche und sorgfältige Prüfung einer Überzeugung oder vermuteten Form von Wissen im Lichte der Gründe, die sie stützen, und der weiteren Schlussfolgerungen, die sie nahelegt«.[5]

Kritisches Denken erfüllt gewisse Prinzipien, Normen oder Standards der Rationalität (von lat. *ratio* ›Vernunft‹), und zwar mehr oder weniger gut. Das kritische Denken unterscheidet sich damit vom irrationalen Denken, das diese Standards gar nicht oder nur ungenügend erfüllt. Rational zu denken, kann mindestens zweierlei bezeichnen: Erstens bedeutet es vereinfacht gesagt, dass man sich für diejenige Handlung entscheidet, die zur Erfüllung des eigenen Willens oder Ziels führt. Dies nennt man *praktische* oder *instrumentelle* Rationalität. Zweitens bedeutet es vereinfacht gesagt, dass man das glaubt, was wahr ist bzw. wofür man gute Gründe hat. Dies nennt man *theoretische* oder *epistemische* Rationalität. Und darüber hinaus müssen ebenso die Ziele selbst sorgfältig ausgewählt werden, auch wenn es dafür keine allgemein anerkannten Normen oder Standards gibt.

Kenntnisse, Fähigkeiten und Dispositionen

Was gehört alles zum kritischen Denken? Zunächst sollte man Denkfehler vermeiden. Der Reeder in der Geschichte hat einen Denkfehler begangen, indem er von den sicheren bisherigen Fahrten des Schiffes auf zukünftige sichere Fahrten schloss. Ein Mittel zur Vermeidung solcher Denkfehler besteht darin, dass man weiß, worin gutes Denken besteht, d. h., dass man über gewisse *Kenntnisse* über das Denken verfügt. Dazu gehört unter anderem das Wissen, worin der Unterschied zwischen einer Beobachtung und einem Argument liegt, was ein guter Grund ist und wie ein Argument aufgebaut ist. Es geht um das Wissen, welche Arten von Argumenten es gibt, was man in einer Entscheidung berücksichtigen muss und wie man den erwarteten Nutzen einer Handlung berechnet, was eine Hypothese ist und wie man sie prüft. Dazu gehört aber auch das Wissen, wie unser Denken grob funktioniert.

Kenntnisse über das Denken allein reichen jedoch nicht aus. Man muss auch über bereichs- und situationsspezifische Kenntnisse verfügen. Der Reeder in der Geschichte hätte sich über den Zustand seines Schiffes informieren sollen. Doch worauf hätte er achten sollen? Auf die Planken, die Taue, die Segel, die Luken? Nur Fachleute können dies beurteilen. Und wie hätte er dabei vorgehen sollen? Auch dies kann nur wissen, wer sich in der Sache auskennt. Der Reeder selbst muss nicht unbedingt ein Fachmann für die Untersuchung der Seetauglichkeit eines Schiffes sein, aber er muss wissen, an wen er sich wenden kann. Die Information über jemanden, der die Lage besser einschätzen kann, stellt selbst wiederum eine Form von Kenntnis dar, die aber wiederum nur dann in die Tat umgesetzt werden kann, wenn man über gewisse Fähigkeiten verfügt.

Damit wird ein weiterer zentraler Punkt ersichtlich: Für das kritische Denken reichen Kenntnisse nicht aus; es braucht auch *Fähigkeiten*. Die Fähigkeiten können wiederum bereichsspezifisch oder allgemein sein. Zu einer bereichsspezifischen Fähigkeit gehört, dass man weiß, wie man die Seetauglichkeit eines Schiffes prüft. Zu den allgemeinen Fähigkeiten zählen die kognitiven Fähigkeiten. Einige von diesen bedürfen keiner oder nur weniger Kenntnisse. Dazu gehören die automatisch ablaufenden Prozesse, die sich im Laufe der Evolution entwickelt haben: die Wahrnehmung von Gefahren, Feinden und Sexualpartnern, die Wiedererkennung von diesen, die Auslösung gewisser Reaktionsmuster (sich zu verstecken, zu fliehen, zu kämpfen und sich zu paaren), sowie Erinnerung und die Assoziation von Wahrnehmungen. Andere kognitive Prozesse wiederum verlangen sehr viele Kenntnisse und bestehen zuweilen hauptsächlich in der Anwendung von diesen. Für das kritische Denken wichtig sind insbesondere die Fähigkeiten zur Anwendung der oben genannten Kenntnisse über das Denken.

Auch Kenntnisse und Fähigkeiten zusammen reichen nicht aus. Derjenige, der über beides verfügt, aber keinen Handlungsantrieb hat, wird auch nichts tun. Es sind somit zusätzlich gewisse Neigungen oder, wie man auch sagt, *Dispositionen* nötig. Zu den für das kritische Denken wichtigen Dispositionen gehört zunächst einmal Aufmerksamkeit. Nur wer aufmerksam ist, kann überhaupt erkennen, dass etwas schiefläuft. Die Aufmerksamkeit ist eine der wenigen Hinsichten, in der man dem Reeder keinen Vorwurf machen kann: Er war aufmerksam. Er war sich bewusst, dass mit seinem Schiff etwas nicht in Ordnung sein könnte, und er hat darüber nachgedacht. Hier zeigt sich eine weitere wichtige Disposition: die Bereitschaft zum Nachdenken. Auch diese hat der Reeder, wenngleich er sie nicht sehr lange durchzuhalten scheint. Zum kritischen Denken gehört auch Mut, denn unter Umständen muss man Überzeugungen in Frage stellen, die einem selbst (oder dem anderen) wichtig sind und mit denen man sich identifiziert. Weiter ist geistige Offenheit wichtig, d. h. die Bereitschaft, die eigenen Meinungen zu hinterfragen, andere Meinungen und Einwände zu berücksichtigen und gegebenenfalls die eigenen Meinungen anzupassen. In dieser Hinsicht dachte der Reeder wenig kritisch. Er suchte nur nach Gründen zur Stützung seiner bereits bestehenden Meinung, beachtete keine weiteren Meinungen und schob alle möglichen Einwände zur Seite.

Noch eine Disposition ist für das kritische Denken zentral, nämlich das *Streben nach Wahrheit*. Wir sagten: Der Reeder hätte sich über den Zustand des Schiffes informieren müssen. Sich zu informieren bedeutet, in den für die Entscheidungssituation relevanten Fällen, in denen man noch keine Überzeugung hat, also weder, dass etwas der Fall ist, noch, dass dies nicht der Fall ist, zu einer Überzeugung zu gelangen. Dass der Reeder sich hätte informieren sollen, setzt somit voraus: Er hätte nach wahren Überzeugungen streben sollen.[6] Nun wird man vielleicht sogleich einwenden wollen: Der Reeder konnte gar nicht mit Sicherheit wissen, was mit seinem Schiff los ist – wie soll er da nach Wahrheit streben? Diese eine Frage wird uns im nächsten Kapitel beschäftigen.

***

1. *Wie sollte der Reeder aus der Erzählung vorgehen, wenn er ein kritischer Denker wäre?*
2. *Warum benötigt man für das kritische Denken sowohl Dispositionen, Fähigkeiten als auch Kenntnisse?*
3. *Welche Eigenschaften einer kritischen Denkerin erscheinen Ihnen als besonders wichtig? Weshalb?*
4. *Welche Eigenschaften besitzen Sie bereits? Welche noch nicht? Welche möchten Sie sich aneignen und in Bezug auf welche möchten Sie sich verbessern?*

2. Wissen und Wahrheit

Wie soll man nach Wahrheit streben, wenn man nicht mit Sicherheit wissen kann, was wahr ist? Eine Antwort darauf lautet, dass man auch nach etwas streben kann, das nicht erreichbar ist. Man könnte jedoch auch antworten, dass wir sehr wohl wissen können, was wahr ist. Wie ist das möglich? Die Möglichkeit hängt davon ab, was man unter dem Begriff »Wissen« versteht. Um zu untersuchen, was wir unter dem Begriff »Wissen« verstehen, werfen wir einen Blick darauf, wie sich das Verständnis von Wahrheit und Wissen von der Kindheit bis zum Erwachsenenalter entwickelt. Es wird sich zeigen, dass die oben genannte Frage mit einem bestimmten kognitiven Entwicklungsschritt zu tun hat. Unabhängig davon, ob Sie diesen Entwicklungsschritt bereits hinter sich haben oder ob Sie mittendrin sind: Sie werden dank diesem kurzen Gang durch einen Teil der Entwicklung des menschlichen Denkens mehr über sich selbst erfahren.

Andere Perspektiven

Kinder halten allgemein das, was sie sehen, für wahr. Es gibt in der kindlichen Entwicklung allerdings verschiedene Phasen. Zunächst einmal haben Kleinkinder noch gar kein Verständnis davon, dass andere etwas anders sehen könnten. Ab wann entwickeln Kinder ein solches Verständnis? Mit einem berühmt gewordenen Experiment, dem *False-Belief*-Test, haben die Entwicklungspsychologen Heinz Wimmer (*1946) und Josef Perner (*1948) in den frühen

1980er Jahren diese Frage untersucht.[7] In dem Test werden Kindern zwei Puppen gezeigt, Sally und Anne, sowie ein Korb, eine Schachtel und eine Murmel, und es wird ihnen ein Sketch vorgespielt, bei dem Sally die Murmel in den Korb legt und dann fortgeht. Während Sally weg ist und nichts beobachten kann, nimmt Anne die Murmel aus dem Korb und legt sie in die Schachtel. Dann kommt Sally zurück, und die Kinder werden gefragt, wo sie denken, dass Sally die Murmel suchen wird. Geben die Kinder die richtige Antwort, dass sie diese im Korb suchen wird, so haben sie den Test bestanden. Aus diesem Ergebnis wird in der Forschung geschlossen, dass sie ein Verständnis davon haben, dass verschiedene Menschen Verschiedenes wissen können. Vier- bis fünfjährige Kinder können den Test in der Regel bestehen. Jüngere Kinder behaupten in der Regel, Sally werde die Murmel in der Schachtel suchen. Daraus folgt allerdings nicht, dass diese Kinder tatsächlich kein Verständnis davon haben, dass andere Menschen etwas anderes wissen können, sondern lediglich, dass man aufgrund des Tests nicht genau sagen kann, ob sie ein solches Verständnis haben oder nicht. Mit kognitiv einfacheren Tests haben einige Forscher versucht zu zeigen, dass Kinder bereits in einem früheren Alter zu der Erkenntnis gelangen, dass verschiedene Menschen auch immer verschiedene Perspektiven haben. Dass sie von einem sehr frühen Alter an bereits ein Verständnis für eine geteilte Welt haben, sieht man an ihrem Zeigeverhalten. Bereits Einjährige zeigen mit ihrem Finger auf ein Objekt, das ihre Aufmerksamkeit erregt hat, und schauen lächelnd einen Erwachsenen an. Doch ist dies noch kein hinreichender Hinweis dafür, dass man behaupten kann, dass sie dem Erwachsenen eine eigene Perspektive zuschreiben. Wann genau dies geschieht, ist in der Forschung nach wie vor umstritten.

Absolute Wahrnehmung und Zweifel

Auch nachdem ein Kind erkannt hat, dass andere Menschen etwas anderes wissen können, versteht es noch eine ganze Weile lang die eigene Perspektive als objektiv und absolut. Dies stellt der Entwicklungspsychologe Jean Piaget (1896–1980) bereits in den 1920er Jahren fest.[8] Kinder bis zu einem gewissen Alter glauben, dass die Welt genau so ist, wie sie sie wahrnehmen, und dass alle anderen sie auch so wahrnehmen, sofern sie sie überhaupt wahrnehmen können. Sie glauben also zum Beispiel, dass Sally und Anne beide den Korb als Korb und die Schachtel als Schachtel sehen.

Allerdings wissen bereits Kleinkinder, dass Menschen sich darin unterscheiden, was ihnen schmeckt und was nicht. Sie sehen beispielsweise, wie ihre Eltern genau den Spinat mit Vergnügen essen, den sie abscheulich finden. Sie haben somit ein Verständnis von den Unterschieden in den Geschmacksurteilen von Menschen. Sie glauben aber zugleich weiterhin, dass die Wahrnehmung absolut ist.

Mit der Zeit erkennen Kinder, dass es Unterschiede auch in der Wahrnehmung geben kann, dass etwas von weitem wie ein Hund aussieht, und ein anderer, der näher steht, sieht, dass es sich um einen umgeknickten Baumstamm handelt. Sie werden sich somit dessen bewusst, dass die Wahrnehmung unter anderem davon abhängt, in welchem Abstand man zu einem Gegenstand steht. Wenn sich ein

Kind dem Gegenstand nicht nähern kann oder aus sonstigen Gründen keinen Zugang zu dem entsprechenden Wissen hat, so ist die naheliegende Reaktion vielfach die, dass es seine Eltern oder eine andere Autoritätsperson fragt, weil es davon ausgeht, sie wüssten es. Mit der Zeit wird aber sogar das Wissen der Erwachsenen fragwürdig. Denn das Kind erkennt, dass es auch Unterschiede in den Antworten der Erwachsenen gibt. Der eine sagt, es sei ein Hund, der andere, es sei ein Holzstück, und noch ein anderer meint geheimnisvoll, es sei ein Wolf. Und wem sollen sie nun glauben? Das Kind beginnt zu ahnen, dass diejenigen Menschen, die es als Autoritäten anerkennt, doch nicht alles wissen.

Allerdings haben Menschen in dem jungen Alter noch wenig begriffliche Möglichkeiten, solches Wissen zu artikulieren. Sie machen vielleicht bereits die Unterscheidung zwischen subjektivem Geschmacksurteil und objektiver Wahrnehmung. Mit der Zeit vergrößert sich die Anzahl an Situationen, in denen sie Menschen sehen, die sich in ihren Wahrnehmungsurteilen unterscheiden oder sich sogar widersprechen. Die bislang angewandte Strategie, diese Urteile der Gruppe der subjektiven Geschmacksurteile zuzuordnen, verringert den als sicher geglaubten Wissensbestand bedrohlich.

Dogmatismus und Skeptizismus

Die ganze Kraft der Bedrohung entfaltet sich jedoch erst, wenn junge Menschen in der Adoleszenz damit beginnen, formale Denkoperationen durchzuführen, die es ihnen unter anderem erlauben, von Einzelfällen auf allgemeine Aussagen zu schließen. Denn jetzt können sie die Zweifel, die sich ihnen in der einen Situation stellen, auf alle ihre Überzeugungen übertragen bzw. ausweiten.

An dieser Stelle erscheinen zwei Auswege naheliegend: Entweder man schließt daraus, dass alle Urteile nur subjektive Meinungen zu sein scheinen, darauf, dass es überhaupt keine Wahrheit und kein Wissen gibt. Dies ist der skeptische Ausweg. Oder man wirft sich in die rettenden Arme einer Autorität, die dogmatisch verkündet, was wahr ist. Man folgt ihr blind, d. h. man nimmt einfach an, dass diese das Wissen hat, das man selbst nicht hat. Dies ist der dogmatische Ausweg. Der Entwicklungspsychologe Michael Chandler (1938–2019) nennt diese Phase die Skeptizismus-Dogmatismus-Achse.[9]

Geht man davon aus, dass Wissen absolut sicher sein muss, dann liegen diese Auswege nahe. Insofern kann man das Bestehen der beiden Auswege als einen erfreulichen Entwicklungsschritt ansehen: Wer zu einer der Positionen gelangt, der hat die Leistung vollbracht, die formale Denkoperation der Verallgemeinerung auf den Fall des Zweifels an der Wahrheit einer Überzeugung anzuwenden. Andererseits wäre es schlecht, in diesem Entwicklungsschritt stehenzubleiben. Denn sowohl der Skeptizismus (der genannten Art) als auch der Dogmatismus sind keine Haltungen des kritischen Denkens. Der Skeptizismus, der verneint, dass es überhaupt Wissen geben kann, erkennt damit eines der zentralen Ziele des kritischen Denkens nicht an und untergräbt somit das ganze Unterfangen. Der Dogmatismus, der blind die Meinung einer Autorität übernimmt, lässt zentrale Dispositionen des kritischen Denkens vermissen, nämlich die Überprüfung, ob eine Meinung wahr und gut begründet ist.

Es gibt zum Glück einen dritten Weg, und zwar den des kritischen Denkens. Er besteht darin, dass man den Begriff des Wissens differenzierter betrachtet. Wissen muss nicht unbedingt mit a) absoluter Gewissheit gleichgesetzt werden, sondern kann auch b) eine wahre, gerechtfertigte Überzeugung sein. Und Wissen muss sich nicht unbedingt auf eine einfache, wahrnehmbare Tatsache, sondern kann sich auch auf einen mehr oder weniger komplexen und unter Umständen abstrakten Sachverhalt beziehen. Beachtet man diese Differenzierungen, so erscheinen der Skeptizismus und der Dogmatismus nicht mehr als die einzigen möglichen Auswege.[10]

Überzeugungen und Tatsachen

Betrachten wir noch etwas genauer, was es heißt, dass Wissen eine wahre, gerechtfertigte Überzeugung ist. Wir unterscheiden auf diese Weise nämlich zwischen Wissen und (einer bloßen) Überzeugung. Eine Überzeugung kann falsch sein. Zum Beispiel kann jemand glauben, dass die Erde eine flache Scheibe sei, obwohl sie tatsächlich kugel-(bzw. streng genommen kartoffel-)förmig ist. Dies ist keine offensichtlich irrationale Überzeugung, denn wenn wir uns auf Land fortbewegen, erscheint die Erde uns als flach. Allerdings sind bereits in der Antike Gelehrte durch Messung und Nachdenken darauf gekommen, dass die Erde kugelförmig ist. Die Überzeugung, dass die Erde flach sei, ist somit falsch.

Im Unterschied zu einer Überzeugung kann Wissen nicht falsch sein. Wenn jemand sagt, er wisse, dass die Erde flach sei, so würden wir ihm widersprechen und entgegnen, dass er das nicht wisse, selbst wenn er eine nachvollziehbare Begründung liefert. Es ist deshalb kein Wissen, weil es falsch ist. Wissen muss also immer wahr sein.

Doch wie können wir wissen, ob etwas wahr ist? Wir beurteilen die Wahrheit von Überzeugungen, indem wir die Gründe beurteilen, die für sie sprechen. Wir glauben, dass die Erde keine flache Scheibe ist, weil wir Belege dafür haben, dass die Erde gekrümmt ist. Wenn man zum Beispiel beobachtet, wie ein Segelschiff aus dem Hafen ausläuft und ins Meer sticht, so sieht man nach einiger Zeit zuerst den Rumpf nicht mehr, während man die Segel weiterhin sieht. Das Modell des Globus liefert zudem die beste Erklärung für unsere Beobachtungen (etwa die, dass man wieder am selben Ort landet, wenn man sich immer in dieselbe Himmelsrichtung bewegt, also die Erde umrundet).

Wir können Überzeugungen *Tatsachen* gegenüberstellen. Tatsachen sind in der Welt. Eine Tatsache ist ein Sachverhalt, der besteht. Zum Beispiel ist es eine Tatsache, dass die Erde kugelförmig ist. Oder dass Madrid die Hauptstadt Spaniens ist. Oder dass Menschen soziale Lebewesen sind. Was wir über diese Sachverhalte glauben, sind Überzeugungen. Wichtig ist, dass wir die Tatsache von der Überzeugung unterscheiden. Überzeugungen können wahr oder falsch sein. Tatsachen sind im Unterschied dazu nicht wahr oder falsch; sie sind einfach. Fassen wir noch einmal zusammen:

> Eine Überzeugung ist ein Zustand in unserem Geist, der wahr oder falsch sein kann.

Eine Tatsache ist ein Sachverhalt, der in der Welt besteht. Ein Wissen ist im Sinne a) eine Überzeugung, die absolut sicher und gewiss ist. Ein Wissen ist im Sinne b) eine Überzeugung, die wahr und gerechtfertigt ist.

Aufgrund der unvorstellbaren Größe des Universums können wir sagen, dass von den meisten Tatsachen kein Mensch etwas weiß und je etwas wissen wird. Zugleich haben wir, sowohl als Menschheit als auch jeder Einzelne von uns, Wissen von sehr vielen Tatsachen, und zwar von so vielen, dass wir sie gar nicht alle aufzählen könnten.

Alles nur subjektiv?

Nun könnte man einwenden, dass es ganz unterschiedliche Überzeugungen bei den Menschen gibt. Die einen glauben, die Erde sei eine Kugel, andere, sie sei eine Scheibe. Menschen können also unterschiedliche Überzeugungen haben. Und wenn es diese unterschiedlichen Überzeugungen gibt, dann können wir nicht wissen, was nun eigentlich wahr ist.

Bei diesem Schluss ist allerdings Vorsicht geboten: Das Zweite folgt nicht aus dem Ersten. Es kann zwei unterschiedliche Überzeugungen geben, und wir können wissen, dass die eine wahr und die andere falsch ist. Zum Beispiel wissen wir, dass die Erde keine Scheibe ist. Also sagt derjenige, der äußert, die Erde sei eine Scheibe, etwas Falsches.

Nun könnte einer behaupten, dass es gar kein »wahr« und »falsch« gibt, sondern nur ein »wahr für mich« und ein »wahr für dich«. Eine Person könnte somit behaupten: »Es ist wahr für mich, dass die Erde eine Scheibe ist«.

Doch was soll damit gemeint sein? Vermutlich nicht, dass alle Meinungen gelichzeitig wahr sind, denn das ist ausgeschlossen: Die Erde kann nicht zugleich eine Scheibe und keine Scheibe sein. Es kann mit »Es ist wahr für mich, dass …« lediglich gemeint sein »Ich halte es für wahr, dass …«, oder »Ich glaube, dass …«, oder »Ich bin überzeugt, dass …«. Dann kann es aber durchaus sein, dass das, was der eine für wahr hält, falsch ist, und dass das, was der andere für wahr hält, wahr ist.

Doch mit welchem Recht, kann man sagen, dass das, was einer sagt, falsch ist? Jeder hat doch das Recht darauf, eine eigene Meinung zu haben und diese zu äußern. Das stimmt: Jeder hat das Recht darauf. Doch aus diesem Recht folgt weder, dass jede Meinung wahr ist, noch folgt daraus, dass einer Meinung nicht widersprochen werden darf. Wenn man das Recht darauf hat, die eigene Meinung zu sagen, so hat man auch das Recht zu sagen, die Meinung eines anderen sei falsch. Man sagt damit, dass man das, was der andere glaubt, für falsch hält. Damit macht man noch keine Aussage über die Gründe, die der andere haben mag, und schon gar nicht über dessen Person. Dass man das Recht auf freie Meinungsäußerung hat, bedeutet allerdings wiederum nicht, dass man seine Meinung immer und überall kundtun muss oder dass man umgekehrt einem anderen zu jeder Zeit sagen muss, man sei mit ihm einverstanden. Es kann durchaus Gründe der Höflichkeit, des Takts oder der Klugheit geben, seine Meinung nicht zu äußern. Andererseits kann es gute Gründe dafür geben, es zu tun. Zum Beispiel dann, wenn es für eine gemeinsame Entscheidung relevant ist, dass der andere eine bestimmte Überzeugung hat. Das rationale Gespräch ist meistens das Mittel der

Wahl, um den anderen von der Wahrheit einer Aussage zu überzeugen. Allerdings gibt es auch unbewusste Faktoren, die unsere Entscheidungen beeinflussen. Von denen wird im Verlauf dieses Buches immer wieder die Rede sein.

***

Welchen der folgenden Aussagen stimmen Sie zu oder eher zu, und welche lehnen Sie ab oder eher ab?

1. *Wenn ich etwas nicht weiß, dann weiß es meine Mutter.*
2. *Wenn ich mit einem Einwand zu meiner Überzeugung konfrontiert werde, dann halte ich unter allen Umständen an meiner Meinung fest.*
3. *Es gibt keine Wahrheit.*
4. *Wenn ich eine Entscheidung treffe, dann versuche ich, zuerst relevante Informationen zu sammeln.*
5. *Man sollte Einwände gegen eine Überzeugung, die einem wichtig ist, keine Beachtung schenken.*
6. *Wenn ich noch keine Überzeugung dazu habe, ob ein Sachverhalt wahr ist, dann überlege ich, was dafür und was dagegenspricht.*
7. *Es gibt so viele verschiedene Meinungen darüber, was wahr ist, dass man nicht sagen kann, was wahr ist.*
8. *Durch Nachdenken kann man eher zu einer guten Entscheidung gelangen als dadurch, dass man auf das Schicksal hofft.*
9. *Es spielt keine Rolle, was ich glaube, solange ich mich damit wohlfühle.*
10. *Es ist besser, darauf zu setzen, was die Regierung sagt, als darauf, selbst zu überlegen.*

3. Gründe und Argumente

Jeder von uns hat Überzeugungen. Viele davon sind wahr, andere sind falsch. Als kritische Denkerinnen und Denker bemühen wir uns um wahre Überzeugungen, und wir wollen nur die Überzeugungen übernehmen, für die es gute Gründe gibt. In diesem Kapitel wird erläutert, was Gründe sind und wie man aus ihnen Argumente bildet. Zunächst geht es aber um die Überzeugungen selbst.

Überzeugungen und Aussagen

Überzeugungen haben einen Inhalt. Wir können diesen Inhalt in einem Satz formulieren. Zum Beispiel können wir sagen: »Sie glaubt, dass es in der Nacht geregnet hat«. Wir können auch sagen: »In der Nacht hat es geregnet« und »Sie glaubt dies« oder »Sie glaubt, dass dieser Satz wahr ist«. Inhalt unserer Überzeugung kann vieles ganz Verschiedenes sein. Hier ein paar weitere Beispiele:

(1) Dort drüben sitzt eine Katze.
(2) Dort drüben sitzt keine Katze.
(3) $2 + 2 = 4$.
(4) Es gibt außerirdisches Leben.
(5) Morgen wird der VfB Stuttgart gegen den SC Freiburg verlieren.
(6) In tausend Jahren wird es die Menschheit nicht mehr geben.
(7) Bob Marley war ein großartiger Musiker.
(8) Man soll Menschen in Not helfen.

(9) Mir ist heiß.

Sätze, die wahr oder falsch sein können, nennt man Aussagen. Alle genannten Beispiele sind Aussagen. Von einigen wissen wir (noch) nicht, ob sie wahr sind, von anderen können wir mit Gewissheit sagen, dass sie wahr sind. Einige sind kontrovers, andere nicht.

Es gibt andererseits auch Sätze, die nicht wahr oder falsch sein können. Hier sind ein paar Beispiele:

(10) Guten Morgen.
(11) Wie groß ist die Innenwinkelsumme eines Dreiecks?
(12) Bring mir bitte einen Kaffee!
(13) Aua!

Zu welcher Art von Sätzen könnte man diese zählen? (10) ist eine Begrüßung, (11) ist eine Frage, (12) eine Aufforderung und (13) der Ausdruck eines Gefühls. Keiner von diesen Sätzen kann wahr oder falsch sein. Keiner von diesen Sätzen ist eine Aussage. Keiner ist der direkte Ausdruck des Inhalts einer Überzeugung.

Den Inhalt einer Überzeugung können wir mit einem Satz angeben. Zum Beispiel können wir sagen, dass jemand, der glaubt, dass dort drüben eine Katze sitzt, die folgende Aussage für wahr hält: »Dort drüben sitzt eine Katze«. Die Frage, ob eine bestimmte Überzeugung wahr ist, können wir somit in die Frage umformulieren, ob die Aussage wahr ist, die den Inhalt der Überzeugung angibt.

Um zu beurteilen, ob eine Aussage wahr ist, müssen wir uns um die Gründe kümmern, die dafür- oder dagegensprechen. Wenn es gute Gründe dafür gibt, dass eine bestimmte Aussage wahr ist, so haben wir auch guten Grund, die Aussage für wahr zu halten, d. h. zu glauben, dass der entsprechende Inhalt wahr ist. Wenn es keinen guten Grund dafür und gute Gründe dagegen gibt, dann sollten wir die Aussage für falsch halten, d. h. ihren Inhalt nicht glauben. Manchmal können wir nicht beurteilen, wie gut die Gründe dafür und dagegen sind. In einem solchen Fall sollten wir in der Regel die Aussage weder für wahr noch für falsch halten, sondern uns des Urteils enthalten.

Gründe und Argumente

Gründe spielen einerseits eine Rolle dafür, was wir glauben sollen. Andererseits spielen Gründe auch eine Rolle dafür, was wir tun bzw. für was wir uns entscheiden sollen. Zum Beispiel können wir sagen, dass ein Gefühl von Durst ein Grund dafür ist, Flüssigkeit zu sich zu nehmen, oder dass die Wissenserweiterung und das Lesevergnügen gute Gründe für den Kauf eines Buches sind. Dies sind Gründe dafür, dass etwas für uns erstrebenswert ist. Gründe, die dafürsprechen, dass eine Aussage wahr ist, können wir mit einem Fachbegriff als *epistemische* Gründe bezeichnen; Gründe, die dafürsprechen, dass etwas erstrebenswert ist, als *praktische* Gründe.

Gründe stützen eine Aussage. Gründe können ebenfalls als Aussagen formuliert werden. Wir erhalten somit eine Verbindung von Aussagen, und zwar eine Verbindung zwischen den Aussagen, die Gründe angeben, und der Aussage, wofür Gründe gegeben werden. Damit man sich über diese spezielle Verbindung besser austauschen kann, lohnt es sich, dafür einige Begriffe einzuführen, und wir können uns hier bei der Argumentationstheorie bedienen, die genau solche Begriffe entwickelt hat. Die Aussagen, die Gründe für eine andere Aussage angeben, nennt man »Prämissen«. Die Aussage, die man begründen will, nennt man »Konklusion«. Das Ganze, das heißt die Prämissen, die Konklusion und ihre Verbindung, nennt man »Argument«. Wir können also als Definition festhalten:

> Ein Argument ist eine Verknüpfung von Aussagen derart, dass eine oder mehrere Aussagen (die Prämissen) eine andere (die Konklusion) begründen.

Ein Argument besteht somit aus drei Teilen, nämlich

1. einer oder mehreren Prämissen,
2. der Konklusion und
3. der Verbindung von Prämissen zur Konklusion.

Die Verbindung besteht darin, dass die Prämissen diese Konklusion begründen. Man zeigt den Übergang an, indem man etwa sagt »also«, »folglich«, »daraus folgt«, »somit«, »deshalb«, »dies impliziert« oder auch »denn«, mit der Konklusion vorangestellt. Der Übergang ist entscheidend. Ohne diese Gelenkstelle bilden die Aussagen einfach eine Gruppe von Aussagen. Erst der Übergang macht die Aussagen zu einem Argument. Zum Beispiel: »Heute ist die Nacht klar, folglich wird es morgen nicht regnen«.

Man betrachte zum Vergleich folgende Textpassage: »Sie zog sich an, öffnete die Haustüre und ging ins Freie. Sie ging den ganzen Weg zu Fuß. Beim Haus ihrer Eltern angekommen, pfiff sie dreimal kurz und laut.« Hier kommt kein Argument vor. Es handelt sich um eine aneinandergereihte Beschreibung von Ereignissen, als Ganzes vielleicht um eine Geschichte oder Erzählung. Es sind Aussagen, aber sie bilden kein Argument.

Ein Argument ist eine Verbindung von Aussagen. Das Argument ist somit ein Ergebnis oder Resultat. Davon zu unterscheiden ist der Prozess, der zum Resultat führt. Der Prozess, der zu einem Argument führt, ist eine Tätigkeit. Diese Tätigkeit kann mindestens eine der folgenden sein: ein Schlussfolgern im Denken, ein Argumentieren im Sprechen oder ein Erklären. Betrachten wir kurz diese drei Tätigkeiten.

Schließen, Argumentieren und Erklären

Wir sagen, dass wir »schlussfolgern«, »einen Schluss ziehen« oder »auf etwas schließen«, wenn wir ausgehend von bestimmten Annahmen zu einer anderen durch logisches Denken gelangen. Wir schlussfolgern etwa dann, wenn wir ein Problem lösen, zum Beispiel welchen Bus wir nehmen müssen, um zu einer bestimmten Zeit an ein Ziel zu gelangen. Aus dem Fahrplan, dem Start- und dem Zielpunkt können wir schließen, welchen Bus wir nehmen müssen, sofern der Bus keine Verspätung hat und auch sonst nichts Unvorhergesehenes passiert.

Wir nennen auch das Resultat eine »Schlussfolgerung«, einen »Schluss« oder eine »Folgerung«. Die Konklusion einer Schlussfolgerung bezeichnen wir manchmal mit den genau gleichen Ausdrücken oder auch mit der eindeutigen

Bezeichnung »Schlusssatz«. Um Missverständnisse zu vermeiden, sollte man aber lieber angeben, ob man das ganze Argument oder die Konklusion meint, wenn man den Ausdruck »Schlussfolgerung« oder »Schluss« verwendet.

Betrachten wir nun folgendes Beispiel: »Der Wetterdienst sagte für die nächsten Stunden Regen voraus. Mit einem Regenschirm unter dem Arm ging er hinaus.« Kommt in dieser Passage ein Argument vor? Nein, denn die beiden Aussagen werden nicht miteinander verknüpft. Allerdings lassen die beiden Sätze vermuten, dass die Person eine Schlussfolgerung gezogen hat. Diese könnte in etwa so aussehen: »Der Wetterdienst sagt für die nächsten Stunden Regen voraus. Ich will nicht nass werden. Wenn ich einen Regenschirm mitnehme, dann kann ich mich vor Nässe schützen. Also nehme ich einen Regenschirm mit.« Dies ist ein Argument.

Wir können einen Schluss allein für uns in unserem Denken ziehen. Wir können unsere Schlussfolgerung auch sprachlich formulieren und jemandem mitteilen. In der Mitteilung an andere verwenden wir Argumente allerdings auch zum *Argumentieren*. Argumentieren bedeutet, Argumente vorzubringen, d.h. jemandem die Gründe zu nennen, die eine bestimmte Aussage stützen. Das Argumentieren kann wiederum verschiedenen Zwecken dienen, etwa dem, gemeinsam nach Wahrheit zu suchen oder den anderen von etwas zu überzeugen. Dieser letzte Zweck wird unter anderem in politischen Debatten verfolgt, etwa wenn die eine Seite für und die andere Seite gegen eine umstrittene Maßnahme argumentiert.

Betrachten wir nun folgendes Beispiel: »Die Straße ist nass, weil es in der Nacht geregnet hat«. Hier wird ein

Grund dafür angegeben, weshalb die Straße nass ist. Es wird weder eine Schlussfolgerung gezogen, noch wird für etwas argumentiert, denn dass die Straße nass ist, steht bereits fest. Es ist unumstritten, dass die Straße nass ist. Die Angabe des Grundes dient hier nun dazu, den mit der Aussage beschriebenen Zustand zu erklären. Es ist eine *Erklärung*. Der Grund, der angegeben wird, ist die Ursache. Somit ist die Erklärung eine kausale. Die Erklärung kann als Argument dargestellt werden: Daraus, dass es in der Nacht geregnet hat, folgt, dass die Straße nass ist.

Vielleicht fällt Ihnen auf, dass es nicht allein daraus, dass es in der Nacht geregnet hat, folgt, dass die Straße jetzt nass ist. Es könnte ja auch sein, dass die Nässe bereits wieder verdunstet ist, oder dass jemand eine große Plane über die Straße gespannt hat, und somit die Straße trocken geblieben ist. Es müssen also weitere Prämissen angenommen werden. Man kann das auch so formulieren: Das Argument ist unvollständig. Ein unvollständiges Argument ist im Alltag zumeist harmlos, weil die ungenannten Prämissen allgemein bekannt sind. Manchmal im Alltag und besonders im wissenschaftlichen Kontext lohnt es sich aber, nach den ungenannten Prämissen zu fragen bzw. nach ihnen zu suchen, um das vollständige Argument prüfen zu können. Fassen wir zusammen:

> Man muss zwischen dem Argument als einer Verbindung von Aussagen und der Tätigkeit unterscheiden, deren Resultat als Argument dargestellt werden kann.
> Zu den Tätigkeiten, deren Resultat als Argument dargestellt werden kann, gehören das Schlussfolgern, das Argumentieren und das Erklären.

Das Argumentieren kann unter anderem die Zwecke haben, gemeinsam eine Wahrheit zu finden oder andere von etwas zu überzeugen.

Der Aufbau von Argumenten

Kehren wir noch einmal zum Aufbau von Argumenten zurück. Die Ausdrücke »Prämisse« und »Konklusion« bezeichnen bestimmte Funktionen, die eine Aussage in einem Argument ausübt. Eine Aussage ist nicht an und für sich eine Prämisse oder eine Konklusion, sie ist dies nur als Teil eines Arguments. Somit kann die Konklusion aus einem Argument auch die Prämisse in einem anderen sein.

Ein Argument kann aus einer, zwei oder mehr Prämissen bestehen. Es gibt jedoch für jedes Argument immer nur eine Konklusion. Es kann sein, dass dieselben Prämissen zu zwei verschiedenen Konklusionen führen. Dann handelt es sich um zwei verschiedene Argumente. Nehmen wir an, die Prämisse sei, dass Fido ein Hund ist. Daraus (und weiteren Prämissen) können wir erstens schließen, dass Fido vier Beine hat, und zweitens, dass Fido bellen kann. Dies sind zwei Argumente, die eine Prämisse gemeinsam haben.

Es kann auch sein, dass dieselbe Konklusion Teil von verschiedenen Argumenten ist. Nehmen wir an, es stünde in einer Stadt die Entscheidung an, entweder eine neue Bibliothek oder ein neues Schwimmbad zu bauen. Dann könnte ein Grund für den Bau der Bibliothek sein, dass dieser billiger als der Bau des Schwimmbades werden wird. Ein anderer Grund könnte sein, dass die Studenten dringend eine neue Bibliothek benötigen, andererseits kein akuter Mangel an Schwimmbädern besteht. In diesem Fall liefern die zwei Gründe zwei verschiedene Argumente mit derselben Konklusion.

Eine Prämisse ist, wie bereits gesagt, eine Aussage, also ein Satz, der wahr oder falsch sein kann. Damit wir eine Aussage als Prämisse verwenden können, ist es nicht notwendig, dass wir *wissen*, ob sie wahr oder falsch ist. Es ist auch nicht notwendig, dass wir die Aussage *behaupten*, um sie als Prämisse zu verwenden. Wir können eine Aussage auch lediglich als Annahme in ein Argument einführen. Wir können dies zum Beispiel tun, um zu überlegen, was daraus folgen würde. Eine Aussage, die man als Annahme aufstellt, nennt man auch *Hypothese*. Man kann eine Hypothese formulieren, um diese zu prüfen oder zu diskutieren, und sie später als wahr anerkennen oder als falsch zurückweisen.

Prämissen, Konklusion und Argument sind strikt voneinander zu trennen. Ein Argument kann gut in dem Sinne sein, dass der Übergang gut ist. Der Übergang kann gut sein, auch wenn die Prämissen falsch sind. Zum Beispiel kann ich auf der Grundlage eines Fahrplans, des Start- und des Zielpunkts darauf schließen, welchen Bus ich nehmen muss. Dann kann ich korrekt überlegt haben, auch wenn sich herausstellt, dass ich einen veralteten Fahrplan verwendet habe. In dem Fall ist der Übergang im Argument gut, doch eine der Prämissen ist falsch. Umgekehrt kann es auch sein, dass die Prämissen wahr sind, aber der Übergang schlecht. Zum Beispiel, wenn ich vom richtigen Fahrplan ausgehe, aber dann die Zeiten falsch zusammenzähle. Es kann sogar so sein, dass die Konklusion wahr ist, obwohl der Übergang schlecht ist, etwa dann, wenn ich vom falschen Fahrplan ausgehe, die Zeit falsch zusammenzähle, jedoch zufälligerweise zum richtigen Resultat komme, zu dem ich auch gekommen wäre, wenn ich den aktuellen Fahrplan verwendet und korrekt zusammengezählt hätte. In diesem Fall ist das Argument schlecht, aber die Konklusion wahr. Man muss somit die folgenden Fragen auseinanderhalten:

1. Sind die Prämissen wahr?
2. Ist die Konklusion wahr?
3. Ist der Übergang von den Prämissen zur Konklusion gut?

Wann genau ist der Übergang von den Prämissen zur Konklusion gut? Allgemein kann man sagen, dass er dann gut ist, wenn die Prämissen einen guten Grund für die Wahrheit der Konklusion liefern. In einem späteren Kapitel werden wir diese Antwort weiter präzisieren.

***

1. *Welche der folgenden Passagen enthalten ein Argument? Sollte ein Argument enthalten sein: Wie lautet die Konklusion und wie lauten die Prämissen?*
   (1) *Sie schlief bis neun Uhr. Dann wachte sie auf und war erschrocken, wie spät es schon war. Sie hätte schon um sieben Uhr aufstehen sollen.*
   (2) *Wenn Fido eine Katze ist, dann hat Fido vier Beine. Fido ist eine Katze. Also hat Fido vier Beine.*
   (3) *Alle Menschen sind sterblich, denn Menschen sind Lebewesen.*

(4) *Wenn du dies auf leeren Magen trinkst, wirst Du Bauchschmerzen bekommen. Du willst keine Bauchschmerzen haben, also solltest du dies nicht trinken.*
(5) *Hamburg liegt nördlich von Münster, und Münster liegt nördlich von Köln, folglich liegt auch Hamburg nördlich von Köln.*

2. *Nehmen Sie an, dass die folgenden Aussagen die Konklusion eines Arguments sind. Überlegen Sie, wie die Prämissen lauten könnten. Diese müssen nicht mit der Realität übereinstimmen. Wichtig ist lediglich, dass Sie Prämissen angeben, welche die Konklusion stützen würden.*
   (1) *Fido ist eine Katze.*
   (2) *Frauen und Männer sind gleichberechtigt.*
   (3) *Es ist moralisch falsch, Tiere zu Nahrungszwecken zu töten.*
   (4) *In Ländern, in denen es viele Kindertagesstätten gibt, sind Frauen öfters und in einem höheren Grad berufstätig als in anderen Ländern.*
   (5) *Es gibt Feen.*
3. *Welche Konklusion können Sie aus den folgenden Aussagen schließen?*
   (1) *Der Täter war ein Mann. Anna ist eine Frau.*
   (2) *Der Täter kam entweder aus Berlin oder aus Stuttgart. Der Täter ist entweder Anna oder Berta. Anna kommt aus München.*
   (3) *Alle Menschen sind sterblich. Berta ist ein Mensch.*
   (4) *Wenn es regnet, findet das Spiel nicht statt. Es regnet.*
   (5) *Wenn es regnet, findet das Spiel nicht statt. Es regnet nicht.*

4. Aberglaube

Erinnern wir uns noch einmal an die Geschichte über das Schiff mit den Auswanderern. Der Reeder vertraute auf die Vorsehung. Dass er sich für eine derart wichtige Entscheidung eben auf die Vorsehung stützte, war ein Fehler. Doch was wäre, wenn seine Entscheidung andere gar nicht betreffen würde? Darf man dann glauben, was man will? Die Formulierung, dass man etwas glaubt, weil man es glauben *will*, klingt erst einmal seltsam. Denn etwas zu glauben, d. h. etwas für wahr zu halten, ist keine Handlung und somit auch nicht etwas, für das man sich einfach so entscheiden kann. Andererseits können wir prüfen, ob das, was wir glauben, wahr ist, und ob es gute Gründe dafür gibt, es zu glauben. Wenn es gute Gründe dafür gibt, dass eine Aussage wahr ist, dann ist es im epistemischen Sinn rational, d. h. vernünftig, zu glauben, dass die Aussage wahr ist. Wenn es gute Gründe dafür gibt, dass eine Aussage falsch ist, so ist es im epistemischen Sinn irrational, d. h. unvernünftig, dennoch zu glauben, dass die Aussage wahr ist. Nun können wir uns fragen: Was ist zu glauben vernünftig? Ist es zum Beispiel rational, zu glauben, dass es die Vorsehung gibt?

Beispiele für Aberglaube

Es gibt viele Dinge, an die zu glauben nicht rational ist. Dazu zählt unter anderem das, was man als »Aberglaube« bezeichnet. Aberglaube ist allgemein der Glaube an die Wirksamkeit übernatürlicher Kräfte. Damit ist nicht gemeint, dass es nur das gibt, was wir Menschen mit unseren Sinnen direkt wahrnehmen können. Unsere Fähigkeit der Sinneswahrnehmung ist beschränkt, wie die Fähigkeiten nichtmenschlicher Tiere zeigen. Zum Beispiel können Hunde und Katzen Töne hören, die wir nicht hören können, und Fledermäuse orientieren sich mittels Echolot. Einige Phänomene können von fast keinem Lebewesen wahrgenommen werden, zum Beispiel Radioaktivität. Mit Übernatürlichkeit ist also nicht gemeint, dass wir etwas nicht mit unseren Sinnen wahrnehmen können, sondern dass es angeblich etwas gibt, das den Naturgesetzen widerspricht.

Beispiele für Glauben an Übernatürliches gibt es unzählige aus allen Kulturen. Etwa der Glaube daran, dass Götter, Dämonen und Geister einen Einfluss auf die Geschehnisse auf Erden hätten. Um die guten Geister herbeizurufen und günstig zu stimmen und die bösen Geister zu verscheuchen, haben Menschen unterschiedlichste Mittel und Praktiken entwickelt. In vielen antiken Kulturen bestand die Praxis, Nutztiere zu opfern, um Götter zu besänftigen. Zum Aberglauben gehört auch der Glaube, dass bestimmte Menschen über magische Kräfte verfügten. Zu diesen angeblichen Fähigkeiten gehören unter anderem die Telepathie, d. h. das Wahrnehmen von Gedanken und Gefühlen anderer ohne Vermittlung der Sinne, das Hellsehen, d. h. das Wahrnehmen (und Voraussagen) von entfernt stattfindenden oder zukünftigen Ereignissen ohne Vermittlung der Sinne, und die Telekinese, d. h. das Bewegen eines Gegenstands (z. B. eines Löffels auf dem Tisch) allein durch die Kraft der Gedanken. Menschen, die angeblich über übersinnliche Fähigkeiten verfügen, wurden und werden, wenn die Kraft als positiv verstanden wird, verehrt und, wenn die Kraft als negativ verstanden wird, aus der Gemeinschaft ausgeschlossen, verfolgt und getötet. So wurde im Mittelalter in Europa vielen Frauen nachgesagt, sie seien Hexen, verfügten über magische Kräfte und seien mit dem Teufel im Bunde; sie wurden verfolgt und oft getötet. Der im viktorianischen England verbreitete Irrglaube, durch Sex könnte man sich von sexuell übertragbaren Krankheiten wie Syphilis heilen, gelangte auch nach Südafrika mit dem Ergebnis extrem vieler Vergewaltigungen seit Ausbruch der Aids-Epidemie in den 1990er Jahren. In einigen Ländern Afrikas werden bis auf den heutigen Tag Albinos verfolgt und getötet, weil man glaubt, ihre Körperteile hätten heilende Wirkung.

In den Bereich des Aberglaubens gehört auch der vergleichsweise harmlose Glaube daran, dass gewisse Dinge Schaden oder Glück bringen. Zu den Schadensbringern zählt in einigen Kulturen zum Beispiel eine schwarze Katze, die von links über die Straße geht. Oder die Zahl 13 – einige Hotels verzichten deswegen auf ein Zimmer mit dieser Nummer oder Hochhäuser auf ein entsprechendes Stockwerk. Zu den Glücksbringern zählen in einigen Kulturen ein vierblättriges Kleeblatt, ein Kaminfeger und ein Hufeisen. Das Hufeisen als Mittel gegen Zauber und Schaden muss in einigen Regionen mit der Öffnung nach oben aufgehängt werden, damit das Glück nicht hinausfällt, in anderen aber mit der Öffnung nach unten, damit das Glück herauslaufen kann. Wie der Volksmund sagt: Nützt's nichts, so schadet's nichts (solange nicht auf Kosten anderer Vorteile aus dem Aberglauben gezogen werden). Dazu muss gesagt werden, dass mit dem Kauf und Verkauf solcher Glücksbringer auch Geld verdient wird. Andererseits können solche Glücksbringer auch tatsächlich eine positive Wirkung haben. Wer nämlich daran glaubt, dass der Glücksbringer Positives bewirkt, der schaut unter Umständen optimistischer in die Zukunft, schreibt sich selbst eine größere Effektivität in seinen Handlungen zu und hält eine anstrengende Tätigkeit länger durch. Die Ursachen hier sind freilich keine übernatürlichen Kräfte, sondern Mechanismen, die sich psychologisch erklären lassen, etwa die selbsterfüllende Prophezeiung.

Einige der Aberglauben hängen mit existenziellen Fragen zusammen. Etwa gewisse Überzeugungen darüber, was nach dem Tod geschieht. In vielen Kulturen und Religionen begegnen wir der Vorstellung, dass die Menschen (und zum Teil auch andere Lebewesen) nach ihrem Tod in irgendeiner Form weiterleben. Im Alten Ägypten war der Glaube verbreitet, dass Teile des Menschen nach dem Tod im Reich des Osiris weiterleben. Ausgehend von altägyptischen Vorstellungen, entwickelte und verbreitete sich die Auffassung, dass der sagenumwobene Vogel Phönix aus der Asche des Gottes Osiris hervorgeht bzw. immer wieder wiedergeboren wird – daher die noch heute gebräuchliche Redewendung »wie ein Phönix aus der Asche« aufzusteigen. Ebenfalls war bereits im Alten Ägypten die Vorstellung verbreitet, dass die Menschen nach ihrem Tod vor einer Art Gericht in moralischer Hinsicht beurteilt werden. Der griechische Philosoph Platon lässt in einem seiner Werke den Krieger Er, der zwölf Tage nach seinem Tod wieder auferweckt worden war, von Geschehnissen im Totenreich erzählen, insbesondere davon, dass beim Eingang zum Himmel und zur Unterwelt Richter entsprechend den Taten der jeweiligen Seele auf Erden darüber entscheiden, wohin sie kommt. Nur wenige Seelen sterben demnach endgültig, die meisten kommen nach längerer Zeit wieder zurück und können dann darüber entscheiden, in welchem Körper sie auf Erden wiedergeboren werden wollen. Je nach Möglichkeit wird ihnen ihr Wunsch gewährt, und sie vergessen alles Gesehene wieder.[11] Auch im Christentum gibt es die Vorstellung, dass die Menschen nach ihrem Tod am Tag des Jüngsten Gerichts für ihre Taten belohnt oder bestraft werden. Wer sich zu Jesus Christus bekennt, wird in das Himmelreich aufgenommen. Eine ähnliche Vorstellung gibt es auch im Islam. Wie in der Erzählung von Platon gibt es auch im Hinduismus und im Buddhismus die Vorstellung von einer Wiedergeburt (Reinkarnation) der menschlichen Seele. Im Hinduismus folgt die Wiedergeburt dem *Karma* (der Begriff bedeutet wörtlich ›Handlung‹), d. h. dem allgemeinen Gesetz von Ursache und Wirkung angewandt auf menschliche Handlungen. Eine moralisch gute oder schlechte Handlung wirkt sich somit in einem späteren Leben auf Erden aus.

Was ist von diesen Vorstellungen von einem Leben nach dem Tod zu halten? Sind sie wahr? Welchen Grund gibt es zu glauben, dass es so ist? Überlegen wir uns kurz, worauf wir uns stützen, wenn wir etwas glauben. Woher wissen wir, was wir wissen?

Quellen des Wissens

Eine erste wichtige Informationsquelle für unser Wissen ist unsere *eigene persönliche Erfahrung* in Verbindung mit unserem *Gedächtnis*. Wenn wir z. B. wissen wollen, ob es jetzt gerade regnet oder nicht, dann schauen wir am besten aus dem Fenster. Und ob es gestern geregnet hat, sagt uns unsere Erinnerung. Einiges können wir sogar nur aus eigener Erfahrung wissen. Vielleicht sind wir die Einzigen, die wissen, was wir heute Morgen zum Frühstück gegessen haben (wenn wir alleine gefrühstückt haben), und wenn wir wissen wollen, ob uns eine bestimmte Tätigkeit gefällt, so kommen wir vermutlich nicht umhin, uns selbst in dieser Tätigkeit auszuprobieren und zu erfahren.

Nun kann es natürlich sein, dass unsere Erfahrung in einer Situation nicht vertrauenswürdig ist. Unsere Wahrnehmungsfähigkeiten können eingeschränkt sein, zum Beispiel deshalb, weil wir müde sind oder weil wir Alkohol oder andere bewusstseinsverändernde Mittel zu uns genommen haben. Unsere Sinne können uns aufgrund von Umgebungsfaktoren täuschen, zum Beispiel im Falle einer optischen Täuschung oder einer Fata Morgana.

Zudem begegnen wir systematischen Verzerrungen unserer Wahrnehmung. Betrachten Sie die folgenden zwei Linien. Welche von diesen ist länger?

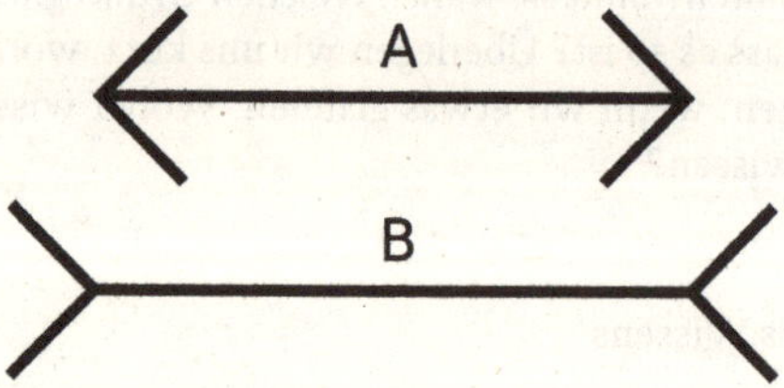

Müller-Lyer-Illusion

Uns erscheinen die beiden Linien als unterschiedlich lang, obwohl sie genau gleich lang sind. (Messen Sie es nach, wenn Sie es nicht glauben.) Diese optische Illusion ist nach dem Psychiater Franz Müller-Lyer (1857–1916) benannt. Sie zeigt, dass gewisse Elemente in unserem Gesichtsfeld zu einer systematischen Verzerrung unserer Wahrnehmung führen. Wir müssen somit anerkennen, dass unsere Wahrnehmung uns in gewissen Situationen und in gewissen Hinsichten täuschen kann. Somit haben wir zumindest manchmal Gründe, an unserer Wahrnehmung zu zweifeln.

Bedeutet dies, dass wir unserer Wahrnehmung grundsätzlich nicht trauen können? Wenn es so wäre, dass die Menschen durch ihre Erfahrung meistens getäuscht würden, dann hätte die Gattung Mensch kaum überlebt. Wir können deshalb davon ausgehen, dass uns die Erfahrung in den meisten Fällen nicht täuscht; was aber natürlich nicht heißt, dass sie uns nicht täuschen kann. Solange also in einer bestimmten Situation kein Grund dazu besteht, an unserer Erfahrung zu zweifeln, sollten wir das glauben, was wir wahrnehmen. Wenn ich zum Beispiel bei Tageslicht und vollem Bewusstsein sehe, dass es regnet, dann sollte ich glauben, dass es regnet. Wir können dies als allgemeines Prinzip wie folgt festhalten:

> Es ist vernünftig, das zu glauben, was wir wahrnehmen, solange es keine guten Gründe dagegen gibt.

Sobald wir aber Gründe haben, an unserer Wahrnehmung zu zweifeln, müssen wir die Gründe prüfen. Diese Gründe können uns durch Selbstbeobachtung, den gesunden Menschenverstand oder durch Erkenntnisse aus den Wissenschaften, insbesondere der Psychologie, gegeben werden. Diese Gründe werden unsere Wahrnehmung nicht ändern, doch verändern sie das, was wir glauben. Kehren wir noch einmal zu der Müller-Lyer-Illusion zurück. Auch wenn wir wissen, dass die beiden Linien tatsächlich gleich lang sind, erscheinen sie uns weiterhin als ungleich lang. Doch nun glauben wir nicht mehr, dass sie auch tatsächlich ungleich lang sind. Wir können also unsere Überzeugungen davon abkoppeln, wie uns etwas erscheint.

Die Wahrnehmung wird auch davon beeinflusst, auf was wir unsere Aufmerksamkeit lenken. Wenn Menschen die Aufgabe bekommen, sich einen kurzen Film anzuschauen und dabei auf bestimmte Dinge zu achten, und wenn diese Aufgabe ein hohes Maß an Konzentration erfordert, so werden sie gewisse andere Elemente im Gesichtsfeld nicht wahrnehmen. Auch das Gedächtnis ist entgegen unserem intuitiven Selbstverständnis nicht restlos vertrauenswürdig. Die amerikanische Psychologin Elizabeth Loftus (*1944) konnte zusammen mit Kollegen in verschiedenen Experimenten zeigen, wie bestimmte zusätzliche Informationen und Suggestivfragen die Aussagen von Zeugen dramatisch beeinflussen. Zum Beispiel wurde einer Gruppe von Probanden ein kurzer Film gezeigt, in dem zwei Autos ineinanderprallen. Einige der Probanden wurden gefragt, wie schnell die Autos waren, als sie »ineinandergekracht« sind, andere wurden gefragt, wie schnell die Autos waren, als sie sich »berührten«. Die ersten schätzten die Geschwindigkeit im Durchschnitt auf 65 Stundenkilometer, die zweiten schätzten sie auf knapp 50 Stundenkilometer. Als die Probanden eine Woche später gefragt wurden, ob sie das zerbrochene Glas gesehen hätten, antwortete ein Drittel der ersten Gruppe, sie hätten Zerbrochenes gesehen, obwohl nichts Zerbrochenes zu sehen war.[12] Unsere Erinnerung ist uns im Alltag eine überlebenswichtige Wissensquelle, doch sie ist weniger vertrauenswürdig, als wir vielleicht den Eindruck haben. Es kann sich also lohnen, wenn es für eine wichtige Entscheidung relevant ist, unsere Erinnerung in Frage zu stellen und Informationen aus anderen Quellen gegenüberzustellen.

Eine zweite wichtige Informationsquelle für unser Wissen ist das, was uns *andere Menschen mitteilen.* Betrifft diese Mitteilung die eigene persönliche Erfahrung dieser Person, handelt es sich um einen *Zeugenbericht.* Dank solcher Zeugenberichte können wir die Grundlage für unsere Überzeugungen um ein Vielfaches an Erfahrungen erweitern. Wir können auf diese Weise Dinge in Erfahrung bringen, die wir selbst nicht wahrnehmen können, weil wir uns nicht an dem Ort befinden. Die Fähigkeit, untereinander Informationen auszutauschen, gibt einer Gruppe von Lebewesen einen Überlebensvorteil gegenüber einer anderen, die diese Fähigkeit nicht hat.

Wie bei unserer persönlichen Erfahrung können natürlich auch die Wahrnehmung und das Gedächtnis des Zeugen getäuscht werden. Dies müssen wir berücksichtigen, wenn wir die Wahrheit von Zeugenberichten beurteilen. Nun besteht noch eine zusätzliche Möglichkeit der Täuschung, denn es kann sein, dass der andere uns unabsichtlich oder absichtlich in die Irre führt. Wir müssen uns nicht nur die Frage stellen, ob es Gründe gegen die Vertrauenswürdigkeit der Erfahrung des Mitteilenden gibt, sondern auch, ob es Gründe gegen seine Wahrhaftigkeit gibt.

Die Möglichkeit, dass der andere uns in die Irre führen will, muss die Ausnahme bleiben, denn andernfalls würde unser Kommunikationssystem seine Funktion als Informationsvermittler verlieren. Unser Kommunikationssystem erfüllt die Funktion der Informationsvermittlung. Also können wir davon ausgehen, dass uns andere nicht in die Irre führen, solange es keine guten Gründe gegen diese Annahme gibt. Wir können dies als Prinzip wie folgt formulieren:

> Es ist vernünftig, das zu glauben, was jemand uns mitteilt, solange a) es keine guten Gründe gibt, den Inhalt der Aussage zu bezweifeln, und b) es keine guten Gründe gibt, die Wahrhaftigkeit des Mitteilenden anzuzweifeln.

Es kann allerdings tatsächlich gute Gründe gegen die Wahrhaftigkeit einer Person geben. Insbesondere kann es sein, dass der andere ein Interesse daran hat, uns in die Irre zu führen. Zum Beispiel kann uns jemand wörtlich in eine andere Richtung lenken bzw. ablenken, damit er etwas nicht mit uns teilen muss. Oder es kann jemand das Interesse daran haben, dass man ein bestimmtes Ding für begehrenswert hält, damit man es dann unabhängig von seinem tatsächlichen Wert kauft – dies ist der primäre Zweck von Werbung. Wir müssen uns also überlegen, welche Interessen der andere daran hat, dass wir das glauben, was er uns mitteilt.

Eine dritte Quelle des Wissens besteht in dem, was wir aus einem Wissen *schließen*. Zum Beispiel kann man daraus, dass es stark regnet, darauf schließen, dass Wolken am Himmel sind, denn ohne Wolken gibt es keinen starken Regen. Oder man kann darauf schließen, dass die Temperatur über null Grad ist, denn unter null Grad wird der Niederschlag zu Schnee. Wir können also etwas über Dinge wissen, die wir selbst nicht direkt erfahren haben: Gesetzt den Fall, es regnet stark, wissen wir, dass Wolken am Himmel sind, auch wenn wir die Wolken nicht sehen z. B. in der Nacht.

Leben nach dem Tod?

Kehren wir nun zu der Frage zurück, ob Menschen nach ihrem Tod weiterleben. Gibt es gute Gründe dafür zu glauben, dass dem so ist? Vermutlich haben Sie persönlich keine Erfahrung gemacht, bei der Sie mit einem Toten kommuniziert haben. Es gibt aber Leute, die davon berichten. Ein solcher Zeuge ist der schwedische Theologe und Naturforscher Emanuel Swedenborg (1688–1772). Er schreibt über seine Visionen:

> [D]er Mensch wird in einen Zustand versetzt, welcher zwischen Schlafen und Wachen die Mitte hält, und wenn er in diesem Zustand ist, so kann er nicht anders wissen, als daß er ganz wach sei; alle Sinne sind so wach wie im höchsten Wachsein des Körpers [...]; in diesem Zustande sind die Geister und Engel auch ganz lebhaft [von mir] gesehen, auch gehört, und, merkwürdigerweise, sogar betastet worden, und dann war beinahe Nichts vom Körper dabei [thätig].[13]

Was ist davon zu halten? Beginnen wir mit der Frage, ob Swedenborg in seiner Aussage wahrhaftig ist. Er scheint über eine sehr spezielle Fähigkeit zu verfügen, die die meisten Menschen nicht haben. (Er behauptet allerdings, dass die Menschen nur deshalb die Engel nicht sehen würden, weil diese Menschen sich dem Himmel verschlossen hätten.) Es könnte also durchaus sein, dass er ein Interesse daran hat, seine besondere Fähigkeit vorzutäuschen, um auf diese Weise Geld damit zu verdienen. Dann wäre er ein Scharlatan, also jemand, der die Leichtgläubigkeit anderer zu seinen Gunsten ausnützt.

Gehen wir einmal davon aus, dass er kein Scharlatan ist, sondern dass er das, was er sagt, selber glaubt. Er glaubt also, er hätte Geister und Engel gesehen. Können wir dies für wahr halten? Wir müssten als Erstes überlegen, ob es gute Gründe gibt, die Swedenborg an seiner Erfahrung hätten zweifeln lassen sollen. Er selbst behauptet, seine Sinne seien im Zustand des höchsten Wachseins gewesen. Doch ist dies nur eine weitere Behauptung von ihm. Es könnte sein, dass er die Personen, die ihm erschienen, nur träumte oder phantasierte. Wir können dies nicht ausschließen. Also können wir auf der Grundlage von Swedenborgs Bericht nicht mit Sicherheit sagen, dass es ein Leben nach dem Tod tatsächlich gibt.

Wir müssen als Zweites aber auch prüfen, ob das, was Swedenborg gesehen hat, überhaupt physisch möglich ist. Die Idee eines Geistes, der unabhängig von einem Körper lebt, widerspricht unserer Überzeugung, dass Leben einen materiellen Stoffwechsel auf der Basis eines existierenden Körpers benötigt. Dies liefert ein gewichtiges Argument dagegen, dass es ein Leben nach dem Tod gibt.

Nun wird jedoch zuweilen eingewendet, dies sei noch kein *Beweis* gegen die Existenz von einem Leben nach dem Tod. Denn das Argument stütze sich auf die Prämisse, dass es für das Leben einen materiellen Stoffwechsel aufgrund seines Körpers braucht, und genau das wird von einigen bestritten. Doch was ist hier mit »Beweis« gemeint? Wenn damit ein Argument gemeint ist, das zu einer absolut zweifelsfreien Aussage führt, so liefert das oben genannte Argument tatsächlich keinen Beweis. Denn so, wie es möglich ist, daran zu zweifeln, dass alle materiellen Gegenstände auf der Erde von dieser angezogen werden, so ist es auch möglich, daran zu zweifeln, dass es kein Leben nach dem Tod geben kann. Daraus folgt allerdings weder, dass Menschen nach dem Tod tatsächlich weiterleben, noch, dass es vernünftig ist, daran zu glauben.

Nehmen wir also einmal an, dass es weder einen Beweis im genannten Sinn gegen noch für ein Leben nach dem Tod gibt. Liefert der Bericht von Swedenborg nicht dennoch einen *Hinweis*? Und liefern nicht auch viele ähnliche und andere Berichte weitere Hinweise? Es gibt nämlich in der Tat Menschen, die von Erfahrungen berichten, als sie dem Tod nahe waren. Man bezeichnet diese als »Nahtoderfahrungen«. Die Berichte unabhängiger Zeugen weisen dabei erstaunlich große Ähnlichkeiten auf. Vielfach beschreiben die Menschen, wie sie ihren eigenen Körper von oben oder dass sie ein sehr helles Licht gesehen haben, dass sie ein starkes Glücksgefühl überkommen hat und dass sie ihr ganzes Leben im Zeitraffer noch einmal durchlebt haben. Der Psychiater und Nahtodexperte Michael Schröter-Kunhardt (*1956) ist der Ansicht, dass diese Bilder nicht real sind und interpretiert dennoch die zahlreichen Berichte über Nahtoderfahrungen als Hinweis auf ein mögliches Leben nach dem Tod: »Die Wahrscheinlichkeit, dass es ein Leben nach dem Tod gibt, ist aufgrund dieser Erfahrungen viel größer als die Wahrscheinlichkeit, dass es nichts danach gibt.«[14]

In diesem Zitat ist die Rede von Wahrscheinlichkeit. Hier lohnt es sich, kurz innezuhalten und uns bewusst zu machen, wie wir den Begriff verwenden. Wir sagen zum Beispiel, es sei wahrscheinlich, dass A das Spiel gegen B gewinnt – oder es sei unwahrscheinlich. In beiden Fällen deuten wir an, dass es nicht sicher ist: A kann das Spiel gewinnen, oder auch nicht. Genau genommen können wir die Extremwerte ebenfalls als Wahrscheinlichkeit ausdrücken: Wenn es sicher ist, dass A gewinnt, dann ist die Wahrscheinlichkeit, dass A gewinnt, 100 Prozent, und die Wahrscheinlichkeit, dass er nicht gewinnt, 0 Prozent. Wir können im Prinzip Wahrscheinlichkeiten im Bereich dazwischen angeben, zum Beispiel 40 Prozent oder 80 Prozent. Da A entweder gewinnt oder nicht gewinnt – unter der Annahme, dass das Spiel überhaupt stattfindet –, addieren sich die Wahrscheinlichkeiten von Gewinn und Nicht-Gewinn zu 100 Prozent. Wenn die Wahrscheinlichkeit, dass A gewinnt, 40 Prozent beträgt, dann beträgt die Wahrscheinlichkeit, dass A nicht gewinnt, 60 Prozent. Die Wahrscheinlichkeit von genau 50 Prozent bedeutet, dass es genau gleich wahrscheinlich ist, dass das Ereignis eintritt, wie, dass es nicht eintritt.

Wir können nun auch den Grad, wie stark wir etwas glauben, mit Wahrscheinlichkeiten angeben. Wenn ich absolut sicher bin, dass A gewinnt, dann liegt der Grad meines Glaubens bei 100 Prozent. Wenn ich vollkommen unsicher darüber bin, ob A gewinnt oder nicht, dann halte ich beides für genau gleich wahrscheinlich, also zu je 50 Prozent. Damit ich glaube, dass A gewinnt, muss ich den Gewinn mindestens für wahrscheinlicher als 50 Prozent halten. So lautet auch die Minimalanforderung an Glauben.

Manchmal haben wir deutlich höhere Anforderungen und sagen erst dann von etwas, dass wir es wirklich glauben, wenn wir die Wahrscheinlichkeit mit deutlich über 50 Prozent einschätzen. Uns stehen im Alltag eine ganze Reihe sprachlicher Mittel zur Verfügung, um unseren Grad der Sicherheit auszudrücken, von einer schwachen Vermutung bis zu einer felsenfesten Überzeugung.

Kehren wir nun zum Argument von Schröter-Kunhart zurück. Er behauptet also, dass die Nahtoderfahrungen einen Hinweis auf ein Leben nach dem Tod liefern würden. Sie würden es wahrscheinlicher machen, dass es ein solches gebe. Wir haben hier also eine andere Art von Argument als das von Swedenborg vor uns. Während Swedenborg seine Erfahrung als unzweifelhaft betrachtet, sieht Schröter-Kunhart in den Erfahrungen lediglich Hinweise darauf, die es wahrscheinlicher machen, dass es ein Leben nach dem Tod gibt. Doch liefern die Erfahrungen wirklich solche Hinweise? Mit derselben Argumentation könnte man auch dafür argumentieren, dass es wahrscheinlicher sei, dass es Gespenster, Drachen und Feen gibt, denn auch über diese gibt es zahlreiche Erfahrungsberichte.

Wir haben bislang keinen guten Grund dafür gefunden, dass es ein Leben nach dem Tod gibt, auch keinen, der es wahrscheinlicher macht, dass es ein Leben nach dem Tod gibt. Und wir haben einen guten Grund gegen diese Annahme gefunden, nämlich den, dass es gut begründeten Überzeugungen von uns widerspricht, wie etwa derjenigen, dass für das Leben ein Stoffwechsel nötig ist. Aus epistemischer Sicht gibt es somit keinen Grund, daran zu glauben, dass es ein Leben nach dem Tod gibt.

Psychologische Erklärungen

Wie kommt es, dass so viele Menschen an Übernatürliches glauben? Wir können dies psychologisch erklären. Als Menschen neigen wir dazu, das Geschehen in der Welt als Folgen von absichtlichen Handlungen zu deuten. Vermutlich hat dies evolutionäre Vorteile. Wer das Geräusch einem zielgerichteten Verhalten zuordnet, wird eher einen Feind erkennen und sich in Schutz bringen können, als jemand, der solche Zuordnungen immer erst überdenkt. Hinzukommt der Einfluss durch die Gesellschaft und die Tradition. Wenn man in einer Gesellschaft aufwächst, in der gewisse Geschehnisse übernatürlichen Kräften zugeschrieben werden, dann wird man ebenfalls dazu neigen, dies zu tun. Denn wir wollen uns als Menschen zu einer Gruppe zugehörig fühlen, zu der Gruppe unserer Familie, unserer Sippe, den Freunden, dann vielleicht zu einer religiösen Gemeinschaft oder zu einer Nation. Wir suchen die Sicherheit und Geborgenheit, die uns die Gruppe gibt, und wir suchen nach der Anerkennung durch die Menschen, die uns wichtig sind. Dies ist ganz natürlich und an sich auch nicht schlecht.

Es wird erst dann problematisch, wenn es uns daran hindert, kritisch zu denken. Als moderne Menschen gehören wir unterschiedlichen Gruppen an, unserer Familie, unserem Freundeskreis, Arbeitskollegen und vielen weiteren. In diesen Gruppen kann es unterschiedliche politische, religiöse und allgemein weltanschauliche Positionen geben. Die Globalisierung bzw. moderne Verkehrswege und ultraschnelle Medien haben dazu geführt, dass wir auf engstem Raum mit ganz verschiedenen Religionen und Kulturen konfrontiert werden. Dies ist einerseits Quelle von Verunsicherung, weil es die Bindung zu unserer Familie, Sippe oder Religionsgemeinschaft in Frage stellt. Andererseits regt es dazu an, eigene Meinungen zu hinterfragen und zu überdenken.

Es gibt einen weiteren Grund, weshalb viele Menschen an Übernatürliches glauben oder, genauer gesagt, nicht davon lassen können. Dies ist unsere Tendenz, resistent gegenüber Belegen zu sein, die unseren tief verankerten Überzeugungen widersprechen, da es in der Regel weniger Aufwand bedeutet, eine neue Aussage erst einmal kategorisch abzulehnen, als die bestehenden Überzeugungen zu revidieren. Wenn wir also seit der Kindheit die Überzeugung haben, dass es Geister gibt, dann werden wir mögliche Einwände dagegen zunächst einmal ignorieren, ablehnen oder als unwichtig zur Seite schieben. Hier spielen kognitive Verzerrungen eine Rolle, etwa die selektive Wahrnehmung, bei der wir nur das sehen, was wir sehen wollen, also selektieren bzw. uns aussuchen, was uns zupasskommt.

Doch kann es nicht auch etwas Gutes haben, an übernatürliche Kräfte zu glauben? Einige Menschen behaupten, dass ihnen der Glaube dabei hilft, eine positive Einstellung gegenüber dem Leben zu behalten. Es stärkt ihren Lebenswillen. Wenn das so ist, dann ist es doch eine gute Sache, daran zu glauben, könnte man sagen. Dabei ist allerdings zu beachten, dass es zwei verschiedene Fragen sind, ob eine Überzeugung *wahr* oder ob sie *nützlich* ist. Eine Überzeugung ist niemals deshalb wahr, weil sie nützlich ist.

Fragt man, ob es rational sei, etwas zu glauben, muss man zunächst klären, ob damit die epistemische, d. h., die auf die Wahrheit bezogene Rationalität oder die instrumentelle, d. h., auf den Nutzen bezogene Rationalität gemeint ist. Es kann sein, dass es im instrumentellen Sinn rational ist, eine bestimmte Überzeugung zu haben. Ein Beispiel ist der Glauben an Glücksbringer, der als selbsterfüllende Prophezeiung positive Auswirkungen auf die Einstellung und Leistungsfähigkeit der Menschen haben kann. Vermutlich kann auch der Glaube an ein Weiterleben nach dem Tod solche positiven Auswirkungen haben. Das bedeutet freilich noch lange nicht, dass man dieselben Effekte nicht auch anders erzeugen könnte. Zudem besteht die Gefahr, dass man aufgrund von Aberglauben zum Opfer von Scharlatanen wird.

Vorsehung und Schicksal

Und wie ist es nun mit der Vorsehung? Ist der Glaube an Vorsehung eine Form des Aberglaubens? Die Vorstellung, dass das, was jetzt geschieht, von jemandem gelenkt wird, weist einige Merkmale auf, denen wir in diesem Kapitel schon begegnet sind: Es wird das Geschehene als Folge einer absichtlichen Handlung durch eine Person mit übernatürlichen Kräften angesehen. Der Reeder versuchte, durch den Verweis auf die Vorsehung die Verantwortung von sich zu schieben. Doch so leicht kann er das nicht tun. Zumindest kann er nicht diejenige Verantwortung von sich schieben, von der wir im Alltag und in unserem Rechtssystem ausgehen. Der Reeder würde vor einem Gericht keineswegs milder bestraft, wenn er auf die Vorsehung verweisen würde.

***

1. *Wie abergläubisch sind Sie? Beantworten Sie für die folgenden Aussagen, für wie wahrscheinlich Sie sie halten (sehr wahrscheinlich, ziemlich wahrscheinlich, eher unwahrscheinlich, sehr unwahrscheinlich).*
   (1) *Wenn eine schwarze Katze von links nach rechts über die Straße geht, dann wird an dem Tag etwas Schlimmes passieren.*
   (2) *Ein vierblättriges Kleeblatt bringt Glück.*
   (3) *Wer eine Sternschnuppe sieht, dem geht ein Wunsch in Erfüllung.*
   (4) *Wer über Tote spricht, der bringt Unglück.*
   (5) *Es ist besser, eine Münze in einen Brunnen zu werfen, als keine.*
2. *Wählen Sie eine gut begründete Überzeugung von Ihnen aus – etwa dass Paris die Hauptstadt Frankreichs ist. Stellen Sie sich nun vor, dass Sie mit einer Aussage konfrontiert werden, die dieser Überzeugung widerspricht: So könnte Ihnen gegenüber zum Beispiel jemand behaupten, Marseille sei die Hauptstadt Frankreichs. Was tun Sie?*
   (1) *Sie ändern ihre Überzeugung sofort.*
   (2) *Sie erachten die Aussage für interessant, aber nicht für Sie relevant.*
   (3) *Sie sind verunsichert, können nun nicht mehr sagen, ob ihre Überzeugung oder die neue Aussage stimmt.*
   (4) *Sie überlegen sich, von wem die Aussage stammt: Wenn dies jemand ist, dem sie vertrauen, dann akzeptieren Sie die Aussage.*
   (5) *Sie überlegen sich, ob die Aussage Gründe dafür liefert, die gegen die Gründe sprechen, die für Ihre Überzeu-*

gung sprechen. Wenn sie das nicht tut, dann bleiben Sie vorerst bei Ihrer Meinung. Wenn sie es tut, dann versuchen Sie die Gründe sorgfältig zu überprüfen.

3. *Suchen Sie auf YouTube nach »Selective Information Test« und schauen Sie sich das Video von Daniel Simons oder Marissa Webb an. Was kann man daraus in Bezug auf unsere Wahrnehmung schließen?*

5. Pseudowissenschaft

Beginnen wir mit der Parabel des unsichtbaren Gärtners des britischen Philosophen John Wisdom (1904–1993):[15]

> Es waren einmal zwei Entdeckerinnen, die vor langer Zeit eine Expedition in den Dschungel unternahmen. Eines Tages stießen sie auf eine Lichtung, auf der wunderschöne Blumen blühten. Die eine Entdeckerin meinte, es müsse hier irgendwo einen Gärtner geben, während die andere genau dies verneinte. Sie standen Tag und Nacht Wache, sahen aber keinen Gärtner. Sie errichteten einen Stacheldraht, stellten ihn unter Strom, patrouillierten mit Bluthunden. Aber dennoch stellten sie nichts fest. Die erste Entdeckerin war nicht überzeugt. Sie sagte: »Es gibt einen Gärtner, der unsichtbar und körperlos ist, dem also Stromschläge nichts ausmachen, und der sich heimlich um den schönen Garten kümmert.« Die zweite antwortete verzweifelt: »Was bleibt von deiner ursprünglichen Behauptung noch übrig? Inwiefern unterscheidet sich das, was man einen unsichtbaren, immateriellen, ewig unfassbaren Gärtner nennt, von einem bloß eingebildeten oder von gar keinem Gärtner?«

Glauben Sie, dass es einen solchen Gärtner gibt? Weshalb? Wenn jemand glaubt, dass es einen solchen Gärtner gibt, aber zugesteht, dass er es nicht mit Gewissheit weiß, was könnte ihn dann davon überzeugen, dass seine Überzeugung falsch ist?

Auf ähnliche Weise wie die Aussage in der Parabel, dass es einen unsichtbaren Gärtner gebe, werden auch andere

Aussagen verteidigt. Einige von diesen werden als wissenschaftliche Theorien dargestellt, obwohl sie es gar nicht sind. Man nennt sie deshalb Pseudowissenschaften. Schauen wir uns zwei davon genauer an.

Astrologie

Im Unterschied zur Astronomie, die als Teilgebiet der Physik die Himmelskörper wissenschaftlich untersucht, erklärt die Astrologie die Bedeutung der Himmelskörper für uns aufgrund ihrer Lage am Himmel von der Erde aus gesehen. Es werden sogenannte Horoskope erstellt, in denen die Lage bestimmter Himmelskörper zu einem bestimmten Zeitpunkt festgestellt wird, zum Beispiel zur Geburt eines Menschen, und dann wird diese Lage gedeutet, d. h., es wird erläutert, was diese Konstellationen für das Leben dieses Menschen bedeuten. Ganz kurze Horoskope kann man in Zeitungen und Zeitschriften lesen. Diese sind in der Regel nur auf die zwölf Sternzeichen (Tierkreiszeichen) bezogen. Dort wird beschrieben, was die Menschen, die in dem jeweiligen Sternzeichen geboren sind, in der nächsten Zeit zu erwarten haben, welchen kosmischen Kräften sie ausgesetzt seien, welche Dinge geschehen könnten und für welche Tätigkeiten der Zeitpunkt gerade günstig oder ungünstig sei. Dies sind in der Regel nur kurze und sehr allgemein gehaltene Texte. Man kann sich aber auch ein längeres, persönliches Horoskop erstellen lassen, das noch viele weitere Daten berücksichtigt, insbesondere den Aszendenten, d. h. den am östlichen Horizont aufgehenden Grad des Tierkreises (zum Zeitpunkt und am Ort der Geburt), und das im Detail die Persönlichkeit beschreiben soll. Das Prinzip bleibt dasselbe: Aus der Position der Himmelskörper wird auf die Bedeutung für die Menschen geschlossen.

Weshalb glauben Menschen daran, dass in Horoskopen wahre Aussagen getroffen werden? Einige der Gründe wurden bereits im letzten Kapitel genannt: eine Faszination für Übernatürliches, die Tradition, ein Wunsch nach Gruppenzugehörigkeit und grundsätzlichen Widerstand gegen anderslautende Belege. Ein weiterer Grund besteht darin, dass wir Menschen ein Bedürfnis nach Erklärung haben. Wenn wir etwas Unerwartetes wahrnehmen, dann wollen wir wissen, warum es so ist und nicht anders. Die Astrologie bedient dieses Bedürfnis, indem sie Erklärungen für Dinge liefert, die uns unerwartet, vielleicht sogar unerklärlich erscheinen. Warum ist es mir nun schon zum zweiten Mal passiert, dass sich mein Freund von mir trennt? Warum musste dieses Flugzeugunglück passieren? Warum habe gerade ich Mühe, mich zu konzentrieren? Die Astrologie liefert eine Antwort auf solche Fragen, die das für viele Menschen faszinierende Merkmal des Unerklärlichen aufweisen.

Ein weiterer Grund besteht darin, dass wir Menschen ein Bedürfnis nach Orientierung haben. Wir suchen nach Erfüllung, und dieses Gefühl kann sehr stark sein, wenn wir uns wenig wertgeschätzt, hintergangen oder einsam fühlen. Wir alle sind uns in vielen Entscheidungssituationen unsicher, was wir eigentlich tun sollen. Die Astrologie bedient auch hier das Bedürfnis nach Orientierung, indem sie allgemeine Ratschläge gibt. Dabei liegt der angegebene Grund für die Geschehnisse jeweils nicht in der Person, sondern wird kosmischen Kräften zugeschrieben und auf diese Weise die Person zum Teil von ihrer Verantwortung entlastet.

Ist es vernünftig zu glauben, dass die Aussagen in Horoskopen wahr sind? Die Antwort auf diese Frage wird zugleich aufzeigen, weshalb die Astrologie eine Pseudowissenschaft ist. Erstens gibt es keinen guten Grund dafür, die Aussagen in Horoskopen für wahr zu halten. Die Berechnung der Lage der Himmelskörper bedient sich mathematischer Mittel und erweckt somit einen Anschein von Wissenschaftlichkeit. Doch die Lage der Himmelskörper ist von der Deutung dieser Lage zu unterscheiden. Sicherlich stimmt es, dass man zum Beispiel den Planeten Mars zu einem bestimmten Zeitpunkt an einem bestimmten Ort am Himmel von der Erde aus sehen kann. Doch daraus folgt nicht, dass dies irgendeine Wirkung auf uns Menschen hätte, geschweige denn eine spezielle auf die Menschen, die zu einem bestimmten Zeitpunkt geboren wurden. Die Astrologie behauptet einfach, dass es diese Wirkung gibt, kann diese Behauptung aber nicht begründen, und somit bleibt diese Behauptung ein Dogma, d. h. eine Behauptung, an der ohne Begründung und trotz Einwänden festgehalten wird.

Im Unterschied dazu können wissenschaftliche Behauptungen begründet werden. Zum Beispiel kann man die Aussage, dass sich Zucker in Wasser auflöst, einerseits damit begründen, dass man wiederholt entsprechende Erfahrungen gemacht hat – immer dann, wenn man ein Zuckerstück in Wasser gelegt hat, löste es sich nach einer gewissen Zeit auf. Zum anderen kann man es mit der physikalisch-chemischen Theorie erklären, dass sich die Moleküle des Zuckers mit denen des Wassers verbinden. Diese Aussagen sind somit keine Dogmen, sondern begründete Aussagen, die überprüft werden können.

Zweitens lassen sich gewisse Aussagen in Horoskopen gar nicht widerlegen. Das scheint auf den ersten Blick etwas Positives zu sein, doch die Aussagen sind prinzipiell nicht widerlegbar. Hier ist ein Beispiel einer solchen Aussage, bezogen auf Menschen, die im Sternkreis Waage geboren sind, gültig für einen bestimmten Tag: »Unterhalten Sie sich mit Kolleginnen. Dabei erfahren Sie etwas Wichtiges.« Genau genommen stellt der erste Satz eine Handlungsanleitung und nur die zweite eine Aussage dar, die man wie folgt formulieren könnte: Wer als Mensch im Sternkreis Waage heute mit Kollegen ein Gespräch führt, wird etwas Wichtiges erfahren. Sogleich stellt sich die Frage: Wichtig wofür? Ist nicht alles für irgendetwas wichtig? Jedenfalls wird es ein Leichtes sein, in einem Gespräch mit Kolleginnen zumindest etwas zu finden, das einem für das eigene Leben wichtig scheint (und dafür sind Gespräche mit Kolleginnen und Kollegen als Meinungsaustausch ja auch da). Nicht nur lässt sich die Aussage nicht widerlegen, weil man in jedem Gespräch etwas Wichtiges sehen kann, sondern die Aussage verleitet diejenigen, die sie lesen, dazu, nach Hinweisen zu suchen, die sie bestätigen. Auch allgemeinere Aussagen können unwiderlegbar sein, zum Beispiel: »Menschen, die im Sternzeichen Fisch geboren wurden, sind mutig.« Wie könnte man diese Aussage widerlegen? Jeder Mensch ist mehr oder weniger mutig. Ein mögliches Gegenbeispiel von einem Menschen, der im Sternzeichen Fisch geboren und nicht mutig erscheint, könnte man einfach damit zurückweisen, dass selbst diese Menschen in einigen (seltenen) Situationen mutig sind. Oder aber man nennt Faktoren, die verhindert hätten, dass die Person ihren Mut in der Situation zeigen kann. Und solche Faktoren kann es immer geben. Somit ist die Aussage prinzipiell gar nicht widerlegbar. Damit sie zu einer widerlegbaren Aussage würde, müsste man präzisieren, was mit »mutig« gemeint ist. Dann aber würde die allgemeine Aussage falsch, denn man könnte Beispiele von Menschen nennen, die im Sternzeichen Fisch geboren und nicht mutig sind. Die allgemeinen Aussagen der Astrologie scheinen also entweder nicht widerlegbar oder aber falsch zu sein.

Der österreichische Philosoph Karl Popper (1902–1994) sah in der Widerlegbarkeit (oder wie er es nennt: der Falsifizierbarkeit) ein Kriterium für Wissenschaftlichkeit: Wissenschaftliche Theorien müssen prinzipiell widerlegbar sein, sie müssen an der Erfahrung scheitern können.[16] Zum Beispiel kann die (an einem bestimmten Datum getroffene) Voraussage »Morgen regnet es in Berlin« durch die Erfahrung widerlegt werden; sie wird nämlich genau dann widerlegt, wenn es an dem genannten Tag in Berlin nicht regnet.

Die Astrologie weist ein weiteres problematisches Merkmal auf, nämlich in Bezug auf das Verhältnis zwischen uns Laien und denjenigen Personen, die Astrologie als angebliche Wissenschaft betreiben. Astrologinnen und Astrologen werden meistens als Personen mit großer Erfahrung und speziellen Fähigkeiten geschildert, Fähigkeiten, die es ihnen erlauben würden, Sternkonstellationen zu deuten. Nur die Eingeweihten, also nur diejenigen, die zum Kreis der Astrologinnen und Astrologen gehören, scheinen Zugang zur Erklärung zu haben. Es ist jedoch unklar, wie man in diesen Kreis aufgenommen wird, zumal der Titel rechtlich nicht geschützt ist. Jedenfalls hat jemand, der rational nachvollziehen möchte, wie eine bestimmte Deutung zustande gekommen ist, keinen Zugang zu diesen angeblichen Erklärungen. In diesem speziellen Sinn ist die Astrologie esoterisch, d. h., sie ist nur zugänglich für Eingeweihte. Das bedeutet, dass wir, die das Horoskop lesen, einem Astrologen blind folgen müssen, ohne nachvollziehen zu können, wie man zu den Aussagen darin gelangt. Im Unterschied dazu stellt die Wissenschaft ein Gemeinschaftsprojekt dar, das prinzipiell offen für alle ist. Jeder kann sich im Prinzip die für das Verständnis einer wissenschaftlichen Theorie notwendigen Kenntnisse aneignen.

Die Astrologie ist noch in anderer Hinsicht problematisch, nämlich in Bezug auf die Zuschreibung und die Übernahme von Verantwortung. Wenn ein Astrologe zum Beispiel den Erfolg bei einer Prüfung oder das Scheitern einer Liebesbeziehung mit der Konstellation von Himmelskörpern erklärt, so mag er damit einen Menschen von Schuldgefühlen entlasten, zugleich entzieht er ihm jedoch die Verantwortung für etwas, das eigentlich zu seinem Verantwortungsbereich als Person gehört. Letztendlich entmündigt ein Astrologe den Ratsuchenden. Ein kritischer Denker kann dies nicht akzeptieren.

Ein weiteres Problem der Astrologie betrifft die moralischen Konsequenzen. Wenn die Astrologie (oder sonst eine esoterische Lehre) sagt, dass das Universum derart geordnet sei, dass alles Leben einen Sinn und alle Geschehnisse einen Zweck hätten, so dürfte sie diese Aussage nicht nur auf einen Beinbruch oder den Verlust einer geliebten Person beziehen, sondern müsste sie konsequenterweise auch auf verhungernde Kinder und noch Schlimmeres beziehen. Konsequent zu Ende gedacht, erweist sich die Astrologie als unmenschlich.[17]

Kreationismus

In den meisten Kulturen gibt es Mythen zur Entstehung der Welt. So etwa in der Mythologie des antiken Griechenlands, in der die Entstehung durch verschiedene Götter erklärt wird. Gemäß der *Theogonie* von Hesiod war am Anfang das Chaos, und daraus entstand die Erde (Gaia), die Unterwelt (Tartaros), die Liebe (Eros), die Finsternis (Erebos) und die Nacht (Nyx). Im Alten Testament wird im Buch Genesis die Entstehung der Erde und der Lebewesen als Schöpfung durch Gott in sieben Tagen geschildert. Die katholische Kirche ebenso wie die meisten protestantischen Kirchen lehnen eine wörtliche Interpretation dieser Schöpfungsgeschichte inzwischen ab. Seit dem frühen 20. Jahrhundert treten jedoch vor allem in den USA evangelikale Kirchen für eine wörtliche Interpretation ein, die sich auf die Irrtumsfreiheit der Bibel als zentrale Grundlage christlichen Glaubens berufen. Diese Auffassung wird als »Kreationismus« (oder auch »kreationistische Wissenschaft«, engl. *creation science*) bezeichnet. Zumeist bildet die Bibel die Grundlage für den Kreationismus. Der Ansatz wird jedoch auch von Menschen vertreten, die sich nicht auf die Aussagen der Bibel stützen.

Der Kreationismus behauptet, dass das Universum, die Erde und alles Leben auf der Erde aus dem Nichts geschaffen wurde und dass die Erde zwischen 5000 und 10 000 Jahre alt sei. Zu dieser Zahl gelangt man, wenn man die Jahrzahlen der im Alten Testament abgehandelten Stammbäume zusammenzählt. Kreationisten lehnen jede Theorie einer Evolution durch natürliche Selektion ab. Keine Lebewesen hätten auf diese Art entstehen können, behaupten sie. Die Menschen und die Affen hätten keine gemeinsame Herkunft. Als Erklärung für geologische Formationen und das Aussterben von Tierarten werden Naturkatastrophen genannt.

Unter der Voraussetzung, dass man die positiven Aussagen des Kreationismus ernst nimmt, ergeben sie zusammen eine Theorie, die man überprüfen kann. Das Resultat der Überprüfung ist eindeutig:

1. Es gibt in der Natur keine Belege für diese Theorie. Die einzige bekannte Grundlage dafür bietet die Bibel und andere schriftliche Zeugnisse von Menschen.
2. Es gibt viele wissenschaftliche Erkenntnisse, die der Theorie widersprechen. Wir wissen zum Beispiel, dass die Erde nicht ein paar tausend, sondern mehrere Millionen Jahre und dass das Sonnensystem mehrere Milliarden Jahre alt ist. Wir wissen dies unter anderem aufgrund von geologischen Phänomenen wie Gesteinsschichten, Tropfsteinhöhlen und Fossilien. Wir wissen auch, dass Menschen und Affen von gemeinsamen Vorfahren abstammen, wenngleich in der Wissenschaft noch umstritten ist, wann genau und wie die Abspaltung der Art der Menschen von jener der Schimpansen stattgefunden hat.
3. Es existiert bereits eine alternative wissenschaftliche Theorie, die Evolutionstheorie, die im Vergleich zum Kreationismus deutlich mehr erklärt. Als ihr Begründer gilt Charles Darwin (1809–1882) mit seinen Buch *On the Origins of Species* (1858, dt. *Ursprung der Arten durch Mittel der natürlichen Selektion oder die Erhaltung bevorzugter Rassen im Kampf um das Leben*). Im 20. Jahrhun-

dert wurde die Theorie mit der Genetik und weiteren Gebieten der Biologie und Chemie zusammengeführt und immer wieder überprüft. Die Grundannahmen der Evolutionstheorie lauten:

1. Variation: Die Individuen einer Population haben unterschiedliche Eigenschaften. Die Unterscheidungen entstehen durch Veränderungen (Mutationen, Gendrift und Rekombinationen).
2. Überproduktion: Die Individuen haben mehr Nachkommen, als überleben und sich fortpflanzen können.
3. Vererbung: Gewisse Eigenschaften werden an die Nachkommen vererbt.
4. Natürliche Selektion: Individuen, die besser an die Umwelt angepasst sind, haben größere Chancen, zu überleben und sich fortzupflanzen.

Die Evolutionstheorie kann somit im Unterschied zum Kreationismus die Entstehung neuer Arten und ihre Weiterentwicklung sowie die Verwandtschaft unter diesen erklären.

Der Kreationismus als überprüfbare Theorie kann als im Vergleich schlecht bzw. als gar nicht belegt angesehen werden. Auch wenn es logisch möglich wäre, dass die Erde und die Lebewesen vor ein paar tausend Jahren geschaffen wurden, so spricht doch nichts dafür und vieles dagegen, dass es so war.

Nun könnte ein Kreationist dagegenhalten und behaupten, die Theorie sei damit ja noch nicht widerlegt. Er könnte zum Beispiel erwidern, dass die Tropfsteinhöhlen von Gott genau so gemacht worden seien, dass die Tropfsteine sich seit ihrer Schöpfung in der von uns festgestellten Geschwindigkeit vergrößerten. Es würde uns also nur so scheinen, als würde es der Fall sein, als seien sie älter, doch tatsächlich sind sie es nicht.

Diese Antwort des Kreationisten ist erstens eine Ad-hoc-Hypothese, d.h., sie dient nur dazu, quasi aus dem Stand heraus einzig und allein genau nur dieses Problem zu beheben, ohne dass es einen unabhängigen Grund für die Hypothese gibt. Auf diese Weise wird das Problem der Tropfsteinhöhlen umgangen, doch wird mit der Hypothese auch kein Grund dafür geliefert, die Hypothese unabhängig von der Ad-hoc-Hypothese zu akzeptieren.

Diese Antwort bringt den Kreationismus zweitens in die Nähe einer nicht widerlegbaren These. Was könnte dann überhaupt noch als Widerlegung des Kreationismus dienen, wenn dieser besagt, dass alle natürlichen Hinweise darauf, dass die Erde älter als ein paar tausend Jahre ist, als Beschreibung des Zustands der Welt aufgefasst werden, in dem Gott sie eben so und nicht anders erschaffen hat? Die ganze Welt könnte auch vor fünf Minuten geschaffen worden sein, so der amerikanische Philosoph Bertrand Russell (1872–1970) in einem skeptischen Gedankenexperiment. Wir können diese Aussage nicht widerlegen, weil sie prinzipiell nicht widerlegbar ist. Wenn sie aber prinzipiell nicht widerlegbar ist, dann ist sie keine wissenschaftliche Theorie.

Die Antwort der Kreationisten erinnert somit an den Versuch in der Parabel des unsichtbaren Gärtners, eine Theorie durch Ad-hoc-Hypothesen immer wieder zu verteidigen und schließlich bei einer unwiderlegbaren Theorie zu landen (der Gärtner ist erst unsichtbar, dann ohne Körper, schmerzunempfindlich, gibt keinen Ton von sich und kommt schließlich sowieso nur heimlich in seinen Garten).

Es wird behauptet, dass es ein Ding gibt, eine Behauptung, die aber die Erklärungskraft der Theorie in keiner Weise erhöht. Eine Annahme, die die Erklärungskraft einer Theorie nicht erhöht, sollte man jedoch lieber nicht in die Theorie aufnehmen, entsprechend dem Prinzip, das als *Ockhams Rasiermesser* bezeichnet wird und auf den mittelalterlichen Philosophen Wilhelm von Ockham (um 1288–1347) zurückgeht: Entitäten sollen nicht über das Notwendige hinaus vermehrt werden. In diesem Falle: Warum soll ich eine neue Theorie annehmen, wenn sie doch keinen Erkenntnisgewinn bringt? Man kann dies auch als Bescheidenheitsprinzip formulieren: Man sollte in einer Theorie möglichst wenig Annahmen machen. Damit ist gemeint: Unter sonst gleichen Umständen ist eine Theorie einer anderen vorzuziehen, wenn sie weniger Annahmen als diese macht.

Einige Kreationisten versuchen eine andere Taktik: Sie erkennen das von der Wissenschaft ermittelte Alter der Erde an, lehnen aber die Evolutionstheorie ab. Ein weit verbreitetes Argument gegen die Evolutionstheorie lautet, dass sie falsch sei, weil sie nicht alle Unterschiede und Entwicklungen unter den Lebewesen erklären könne. Darauf ist als Erstes zu antworten, dass ein Argument gegen die Evolutionstheorie noch lange kein Argument für den Kreationismus ist. Als Zweites folgt daraus, dass die Evolutionstheorie gewisse Unterschiede und Entwicklungen (noch) nicht erklären kann, nicht, dass die Theorie falsch ist. Und als Drittes ist darauf hinzuweisen, dass man mit der Evolutionstheorie bereits sehr viele Unterschiede und Entwicklungen von Lebewesen erklären kann und laufend Erklärungen hinzukommen. Die Evolutionstheorie ist eine erfolgreiche wissenschaftliche Theorie.

Was Wissenschaft ist

Doch was ist denn nun Wissenschaft genau? Baut sie nicht auch auf Dogmen auf?

In der Wissenschaft geht es um Wissen. Genauer gesagt, wird in der Wissenschaft versucht, bestehendes Wissen *systematisch* darzustellen und neues Wissen *methodisch* bewusst zu gewinnen und einzuordnen. Zwischen dem Wissen, das wir uns im Alltag mehr oder weniger bewusst und unsystematisch aneignen, und dem wissenschaftlichen Wissen besteht also kein kategorischer Unterschied. Wissenschaft zeichnet sich durch eine besondere Sorgfalt in der Anwendung rationaler Prinzipien aus, also genau solcher Prinzipien, die auch für das kritische Denken zentral sind.

Außerdem ist Wissenschaft nicht die Angelegenheit einer Einzelperson. Zwar gibt es herausragende Wissenschaftlerinnen und Wissenschaftler und Entdeckungen durch Einzelne, doch die Wissenschaft als Ganzes ist ein Gemeinschaftsprojekt in dem Sinne, dass die Wissenschaftlerinnen und Wissenschaftler die Ergebnisse ihrer Arbeit öffentlich machen und der Kritik durch andere aussetzen. Diese Gemeinschaft ist im Prinzip offen für alle. Jeder, der will, kann einen Beitrag leisten. In den allermeisten Fällen kann man dies natürlich erst dann, wenn man ein Studium zur Aneignung der nötigen Kenntnisse und Fertigkeiten absolviert hat.

Der Wissenschaft wird zuweilen vorgeworfen, sie sei dogmatisch, d. h., sie treffe gewisse Annahmen, ohne diese zu hinterfragen und ohne eine Berechtigung dafür zu haben. Einer der pauschalen Vorwürfe besagt, dass Wissenschaft von dem Dogma ausginge, dass man alles rational erklären könne und dass andere Zugangsweisen zu Wissen nicht akzeptiert würden, etwa der Zugang über Emotionen und Intuitionen oder unter Anwendung übersinnlicher Fähigkeiten. Was ist von diesem Vorwurf zu halten?

Zunächst einmal muss man festhalten, dass in der Wissenschaft nicht behauptet wird, dass man mit einer bestimmten Theorie alles erklären könne. Und sollte ein Wissenschaftler dies behaupten, so sollte man hellhörig werden. Auch die Behauptung, dass man in der Wissenschaft alles rational erklären könne, wird eine Wissenschaftlerin wohl kaum vertreten, da es ja gar nicht ihr Ziel sein kann, alles zu erklären. Die Wissenschaftlerin wird aber an der Rationalität ihrer Erklärung festhalten wollen. Und dies gilt für jede ihrer Erklärungen. Sie wird also nur rationale Erklärungen akzeptieren. Sie wird deshalb auch behaupten, dass die wissenschaftliche Erklärung anderen überlegen ist. Und sie wird auch gewisse Erklärungen nicht zulassen. Gesetzt den Fall, jemand würde behaupten, er fühle, was die Ursache eines bestimmten Phänomens sei, so wird sie dies nicht überzeugen, denn dies ist kein für andere nachvollziehbarer Grund. Wissenschaft schließt somit zu Recht gewisse Zugangsweisen zu Wissen aus.

In diesem Zusammenhang müssen wir einen wichtigen Unterschied herausstreichen, nämlich den Unterschied zwischen Entdeckung und Rechtfertigung. Es kann durchaus sein und ist tatsächlich auch oft der Fall, dass eine wissenschaftliche Entdeckung nur deshalb zustande kam, weil jemand eine Intuition, ein Bauchgefühl hatte und diesem gefolgt ist. Dass aber die Intuition zur Entdeckung geführt hat, bedeutet nicht, dass die Intuition die Rechtfertigung der Erkenntnis dient. Letztlich wird in der Wissenschaft nur eine sachbezogene Rechtfertigung akzeptiert.

Wenn es allerdings um Entscheidungen geht, spielen Emotionen und Intuitionen auch als rechtfertigende Gründe eine wichtige Rolle. In vielen Fällen führen uns unsere Emotionen und Intuitionen zu rationalen Entscheidungen. Allerdings können sie uns auch in die Irre leiten. Unser Nachdenken kann uns dabei helfen, die richtige Entscheidung zu fällen. Wissenschaft ist der genaueste, umfassendste und am besten begründete Zugang zur Realität, den wir haben. Sie ist das Ergebnis von jahrzehntelanger Arbeit von Millionen von Wissenschaftlerinnen und Wissenschaftlern. Widerspricht eine wissenschaftliche Erkenntnis unserer Intuition, so sollten wir der Wissenschaft folgen, auch wenn sich dies in der Situation seltsam anfühlt, weil wir eben dann gegen unsere Intuition handeln müssten. Ein verbreiteter Irrtum ist zum Beispiel der Glaube daran, dass Alkohol wärmt. Zwar erweitert der Alkohol die Blutgefäße und sorgt somit vorübergehend für ein Gefühl von Wärme, doch ist dies nur von kurzer Dauer, da die Wärme über die Haut an die Luft abgegeben und auf diese Weise sogar Wärme von den inneren Organen abgezogen wird. Es ist also eigentlich das Gegenteil der Fall, dass nämlich Alkohol entgegen dem ersten Eindruck den Körper sogar kühlt.

Allerdings muss man sicherstellen, dass es sich bei einer Erkenntnis tatsächlich um eine wissenschaftliche Erkenntnis handelt. Nicht selten wird heutzutage in den Medien etwas als »wissenschaftlich« bezeichnet, um es damit als glaubwürdiger erscheinen zu lassen. Dass es Menschen gibt, die sich unter dem Deckmantel der Wissenschaft verstecken, um Falschaussagen zu verbreiten, stellt jedoch keinen guten Grund dafür dar, die Wissenschaft als Ganzes abzulehnen, ebenso wenig wie die Tatsache, dass Wissenschaftlerinnen und Wissenschaftler auch Fehler machen. Wir als kritische Denkerinnen und Denker sind gefragt, wenn es darum geht, zu prüfen, ob etwas tatsächlich eine wissenschaftliche Erkenntnis darstellt oder nicht. Wir müssen dies in jedem Einzelfall tun. Selbstverständlich müssen wir uns dabei auch auf Expertenmeinungen verlassen. Wir können die Ergebnisse aber dennoch mit dem in Verbindung bringen, was wir sonst noch über die Welt wissen. Wenn unter Expertinnen und Experten weitgehend Einigkeit über etwas besteht, dann sollten wir unsere lediglich auf Intuition beruhende Überzeugung aufgeben. Sollte allerdings sogar zwischen ausgewiesenen Experten Uneinigkeit bestehen, so ist die Wissenschaft offensichtlich noch zu keiner Erkenntnis gelangt, und wir können uns nicht ohne Weiteres auf sie stützen.

Ein anderer pauschaler Vorwurf lautet, es würde nur Wissenschaft als Quelle des Wissens akzeptiert und Literatur, Kunst und Religion würden ausgeschlossen. Diese Aussage ist nicht selbst wissenschaftlich. Und sie ist falsch, denn literarische, künstlerische und religiöse Aussagen sind vielfach Ausdruck menschlicher Bedürfnisse, Wünsche und Ängste, und die Auseinandersetzung damit eignet sich hervorragend, um die eigne Menschenkenntnis zu vertiefen und zu erweitern. Allerdings ist weder die Literatur noch die Kunst oder die Religion eine Wissenschaft, und keine von diesen kann diesen Anspruch erheben.

Meist wird mit dem Vorwurf lediglich darauf abgezielt, dass Literatur, Kunst und Religion ebenso wertgeschätzt werden sollten wie die Wissenschaft. Die Frage, wie stark verschiedene Bereiche von einer Gesellschaft wertgeschätzt werden sollten, muss allerdings eine jede Gesellschaft für sich selbst beantworten. Sie muss entscheiden, wie wichtig ihr die einzelnen Bereiche sind – und sie tut dies bereits implizit, indem sie etwa die Höhe der finanziellen Unterstützung für die verschiedenen Bereiche durch den Staat bestimmt.

***

1. *Immer wieder werden sogenannte Kornkreise entdeckt, d. h. umgeknickte Ähren in Kornfeldern, die erstaunliche Muster bilden, wenn man sie von oben betrachtet. Wie sind sie entstanden? Einige behaupten, sie seien das Werk von Außerirdischen. Was denken Sie?*
2. *Aus den Buchstaben des eigenen Namens kann man eine Zahl ermitteln, die sogenannte Namenszahl. Man setzt dabei voraus, dass jedem Buchstaben eine Zahl zugeordnet ist, und zwar gemäß der Stellung im Alphabet:* A *steht für 1,* B *für 2 usw., wobei der zehnte Buchstabe im Alphabet wieder für 1 steht, da man von den beiden Zahlen 1 und 0 die Quersumme nimmt. Nun weist man jedem Buchstaben seines Vor- und Nachnamens die entsprechende Zahl zu und nimmt die Quersumme davon. Dies ist die Namenszahl. Jede Namenszahl hat eine Bedeutung. 6 steht zum Beispiel für Liebe und Harmonie. Menschen mit dieser Namenszahl besitzen eine solide und verlässliche Persönlichkeit. Glauben Sie das? Aus welchem Grund? Oder aus welchem Grund nicht?*
3. *Informieren Sie sich über die Homöopathie. Wo und wann wurde sie erfunden? Was sind die Grundannah-*

men der Theorie? Wie wird die Wirksamkeit homöopathischer Mittel erklärt? Würden Sie aufgrund dieser Informationen Homöopathie als Wissenschaft oder als Pseudowissenschaft einschätzen?

4. *Mit welchen der folgenden Aussagen sind Sie einverstanden oder eher einverstanden und mit welchen nicht oder eher nicht?*
   a) *Wissenschaft ist auch eine Religion: Man kann daran glauben oder nicht.*
   b) *Auch die Wissenschaft kann nicht alles erklären, also gibt es auch Dinge, die keine natürliche Erklärung haben.*
   c) *Wissenschaftler sind sich in vielen Punkten uneinig: Das zeigt, dass es kein Wissen gibt.*
   d) *Man kann im Prinzip alles beweisen: Deshalb halte ich nicht viel von Beweisen.*
   e) *Wenn eine wissenschaftliche Aussage dem widerspricht, was ich intuitiv glaube, dann bleibe ich bei meiner Intuition.*

6. Verschwörungstheorien

Bestimmte Formen des Aberglaubens sind zu sogenannten Verschwörungstheorien ausgebaut worden. Als Verschwörungstheorie bezeichnet man allgemein eine Auffassung, die ein Ereignis damit erklärt, dass es das Ergebnis des heimlichen Wirkens einer Gruppe von Menschen ist. Diese Menschen haben sich angeblich miteinander verschworen, um ihre Interessen heimlich im Verborgenen umzusetzen. Eine solche Theorie kann wahr sein wie etwa die Erklärung, dass die Ermordung des römischen Kaisers Cäsar im Jahre 44 v. Chr. das Ergebnis einer Verschwörung von einer Gruppe von Senatoren gewesen ist. Die meisten Verschwörungstheorien sind jedoch falsch. Verschwörungstheorien gibt es vereinzelt in der Antike, gehäuft zur Zeit der Französischen Revolution und in großer Verbreitung seit dem 20. Jahrhundert. Das Internet ist *das* Medium für die Verbreitung von Verschwörungstheorien.

Beispiele für Verschwörungstheorien

Eine seit dem 19. Jahrhundert in den Umlauf gebrachte Verschwörungstheorie lautet, dass die Juden die Weltherrschaft anstreben oder bereits diese ausüben würden. Dies glaubte u. a. Adolf Hitler. Er machte den Kampf gegen die Juden und schließlich ihre Vernichtung zu seinem politischen Hauptziel.

Eine vergleichsweise harmlose Verschwörungstheorie behauptet, die Mondlandung von 1969 sei eine Inszenierung in einem Filmstudio gewesen: Niemand habe damals den Mond betreten. Die US-Amerikaner hätten der Weltbevölkerung vortäuschen wollen, dass sie tatsächlich auf dem Mond gelandet sind. Weshalb sollte die US-amerikanische Regierung bzw. die NASA dies tun?

Erstens wollten die USA der Sowjetunion ihre Überlegenheit in der Raumfahrt zeigen (die Sowjets hatten mit ihren erfolgreichen Sputnik-Starts vorgelegt und damit das empfindliche amerikanische Selbstbewusstsein erschüttert).

Zweitens wäre dies für die Regierung ein sehr gutes Mittel gewesen, um die Aufmerksamkeit der Bevölkerung von aktuellen Problemen wie dem Vietnamkrieg abzulenken.

Drittens benötigte die NASA sichtbare Erfolge, um die gigantisch hohen Ausgaben für die Raumfahrt zu rechtfertigen. Die US-Regierung hätte somit sehr gute Beweggründe gehabt. Als Hinweise dafür, dass die Mondlandung tatsächlich inszeniert worden sei, werden unter anderem die genannt, dass auf den Fotos keine Sterne zu sehen sind, dass die Flagge sich zunächst bewegte, obwohl dies auf dem Mond nicht möglich sei, und dass sich bei der Landung kein Krater bildete, obwohl dies zu erwarten gewesen sei.

Eine neuere Verschwörungstheorie versucht, das Auftreten von besonders lange sichtbaren Kondensstreifen am Himmel zu erklären. Warum bleiben diese so lange sichtbar? Gemäß der Verschwörungstheorie kann es sich nicht lediglich um die kondensierten Abgase von Flugzeugen handeln, da deren Kondensstreifen in der Regel sehr rasch wieder verschwinden. Die beste Erklärung sei demnach, dass es sich dabei um absichtlich mit Chemikalien versetzte Flugzeugabgase handle, sogenannte »Chemtrails«. Über die Wirkung und Ziele scheint man sich unter den Vertretern uneinig zu sein: Einige sind der Auffassung, dass die Chemikalien der Verminderung des Treibhauseffekts dienen sollen, andere vermuten, dass sie die Zeugungsfähigkeit der Bevölkerung verringern sollen.

Alle der genannten Verschwörungstheorien sind offensichtlich falsch. Sie sind allerdings logisch möglich, und sie werden von ihren Vertretern mit Argumenten gestützt. Wie überzeugt man einen Vertreter davon, dass die Theorie falsch ist? Der Versuch, jemanden von der Falschheit einer auch noch so absurden These zu überzeugen, kann sich unter Umständen als eine Herausforderung erweisen.

Mit Verschwörungstheoretikern reden

Vielleicht beginnt man solche Diskussionen am besten damit, die Person nach ihren Gründen für ihre Position zu fragen. Es ist grundsätzlich ein guter Anfang, ein Gespräch mit jemandem über eine kontroverse Aussage damit zu beginnen, ihn zu fragen, welche Gründe er für seine Auffassung hat. Nun ist es aber so, dass Vertreter von Verschwörungstheorien in der Regel sich in ihrem Thema gut auskennen. Und sie sind meistens bereits geübt darin, Gründe für ihre Position vorzubringen. Diese Gründe können zahlreich und von so komplexer Art sein, dass sie eine umfangreiche und detaillierte Darstellung verlangen. Wenn Sie also ein Gespräch mit einem Verschwörungstheoretiker beginnen, müssen Sie damit rechnen, dass dieses möglicherweise länger dauert, als Ihnen vielleicht lieb ist.

In dieser Hinsicht ähneln Vertreter von Verschwörungstheorien denjenigen Anhängern religiöser Minderheiten, die mit missionarischem Eifer andere von ihrem Glauben zu überzeugen versuchen. Denn ähnlich wie jene verfügen auch die Verschwörungstheoretiker über ein angeblich oft geheimes Wissen, das in der Gesellschaft wenig verbreitet oder völlig unbekannt ist. Und ähnlich wie jene ihre Aufgabe als Kampf gegen das Böse sehen, so sehen auch Verschwörungstheoretiker ihre Aufgabe als Kampf, über die geheimen Machenschaften bestimmter Interessengruppen aufzuklären.

Dies ist insofern etwas seltsam, als die Verschwörungstheoretiker sich mit ihrer Theorie gerade nicht an den Idealen der Aufklärung orientieren. Jedenfalls müssen Sie sich, wenn Sie mit einem Verschwörungstheoretiker reden, darauf gefasst machen, mit einem Menschen zu reden, der von seiner Auffassung nicht nur fest überzeugt ist, sondern auch gewillt ist, diese, komme was da wolle, zu verteidigen und zu verbreiten.

Eine naheliegende Strategie besteht darin, die Auffassung des Verschwörungstheoretikers zu widerlegen. Diese Strategie verspricht jedoch kaum Erfolg, weil der Verschwörungstheoretiker vermutlich jeden möglichen Einwand gerade als Teil der Verschwörung betrachten wird. Vielleicht wird er dies als Anlass nehmen, um weitere Gründe für seine Auffassung ins Feld zu führen. Unter Umständen kann ein solches Gespräch sehr anstrengend sein, wenn der Gesprächspartner auf Einwände gar nicht eingeht, sondern sie einfach ignoriert, eine im Übrigen sehr wirksame rhetorische Strategie, die in politischen Kontexten nicht selten verwendet wird. Gelingt es Ihnen, den Vertreter dazu zu bringen, dass er sich direkt mit einem Einwand auseinandersetzt, so wird er vermutlich Ad-hoc-Hypothesen einführen, d. h., er wird weitere Annahmen aus dem Stegreif anführen genau und nur zu dem Zweck, den genannten Einwand zu umgehen. Normalerweise gilt die Verwendung von Ad-hoc-Hypothesen als eine extrem schwache Begründungsstrategie. Doch dies wird ihn kaum stören, da er von der Theorie überzeugt ist. Unter Umständen wird ihn ein Hinweis auf einen Argumentationsfehler oder ein schwaches Argument in seiner Auffassung eher noch bestärken, da er den Einwand als weiteren Hinweis für die Verschwörung sieht. Dass es diese Einwände gibt, zeige gerade, wie professionell die Verschwörer arbeiten würden und wie erfolgreich sie darin seien, ihr Wirken geheim zu halten: »Da sehen Sie, wie mächtig die Verschwörer sind, dass sie sogar Sie dazu bringen, ihnen zu glauben!«

Was passiert hier genau? Mit der Einführung von Ad-hoc-Hypothesen versucht der Verschwörungstheoretiker, seine Theorie unwiderlegbar zu machen. Damit diskreditiert er seine Theorie aber von vorneherein als unwissenschaftlich. Doch wird ihn auch das vermutlich nicht sonderlich stören, da er ja gerade von sich behauptet, etwas zu erkennen, das von der allgemein anerkannten Wissenschaft und Öffentlichkeit abgestritten wird, er der normalen Wissenschaft überlegen ist bzw. sich nicht auf ihre Kategorien und Methoden einzulassen braucht.

Auch die ebenfalls naheliegende Strategie, herauszustellen, dass es sehr unwahrscheinlich ist, dass die Theorie stimmt, verspricht keinen Erfolg. Natürlich muss es uns unwahrscheinlich erscheinen, wird der Vertreter der Theorie sagen, denn es ist ja gerade im Interesse der Verschwörer, dass ihr Wirken im Geheimen bleibt und sie somit auch ein Interesse daran haben, dass es uns unwahrscheinlich erscheint. Doch, um ein Beispiel zu nennen: Warum wurden so viele Juden verfolgt und ermordet, wenn sie doch die Weltherrschaft innehaben? Haben sie da nicht versagt? Und wenn sie wirklich so allmächtig sind: Warum weiß der Verschwörungstheoretiker von der Sache und wurde noch nicht eliminiert bzw. auf andere Art und Weise mundtot gemacht?

Wenn wir zur Stützung unserer Auffassung auf anerkannte Medien verweisen, die eine andere Erklärung für das Phänomen als die des Verschwörungstheoretikers liefert, so wird er vielleicht sogar auch diese als Teil der Verschwörung sehen. Die Verschwörer haben ja ein Interesse daran, dass die Menschen sie nicht durchschauen, und eines der besten Mittel, dies zu tun, besteht darin, die Massenmedien zur Beeinflussung der Menschen zu kontrollieren und möglichst nachhaltig beeinflussen zu können. Also werden die Verschwörer sicherlich alles daransetzen, die Kontrolle über die Massenmedien zu übernehmen, um Meldungen und Theorien zu verbreiten, die leicht nachvollziehbar sind und so den Menschen den Anreiz nehmen, nach einer anderen bzw. nach der tatsächlichen Erklärung zu suchen.

Der Zweifel an der Glaubwürdigkeit der Medien wird im nächsten Kapitel in Zusammenhang mit Fake News Thema sein. Hier geht es jetzt nur um die Argumentation des Verschwörungstheoretikers, die sich darauf stützt, dass man den anerkannten Medien nicht trauen darf. Argumentiert ein Verschwörungstheoretiker in diese Richtung, so wird es noch schwieriger, ihn von der Falschheit seiner Auffassung zu überzeugen, ja, es scheint schwierig zu werden, sich überhaupt noch mit ihm zu unterhalten. Denn mit seinem generellen Zweifel an der Verlässlichkeit der Informationsmedien entzieht er jedem Gespräch die rationale

Grundlage. Worauf soll man sich noch stützen, wenn der Gesprächspartner nichts anderes als seine eigenen Quellen anerkennt?

Möglicherwiese bricht an einer solchen Stelle hier jede rationale Kommunikation ab. Vielleicht könnte man aber einen Wiedereinstieg finden, indem man eine Aussage macht, die nicht direkt gegen diese bestimmte Verschwörungstheorie spricht. Denn in der Regel hat die Person die Fähigkeit zum kritischen Denken nicht verloren, vermag sie nur nicht auf diese Verschwörungstheorie anzuwenden, von der sie so vehement überzeugt ist. Die Erfolgversprechende Strategie besteht darin, die Position nicht direkt zu widerlegen, sondern indirekt vorzugehen, indem man die Position untergräbt. Man könnte etwa aufzeigen, welche absurden Konsequenzen aus der Wahrheit der Verschwörungstheorien folgen würden, wie man dasselbe aus anderer Perspektive anders beschreiben oder sehen könnte, welche einfachen natürlichen Erklärungen es für viele Mythen gibt oder welche Folgen für die Menschen Aberglauben hatten. Man versucht also nicht, die Position als solche frontal anzugreifen und zu widerlegen, sondern bemüht sich darum, aufzuzeigen, was sie alles tatsächlich beinhaltet. Man kann dies als *subversive Kritik* bezeichnen.[18]

Eine Methode der subversiven Kritik besteht darin, die behauptete Aussage auf sanfte Weise lächerlich zu machen. Ein Beispiel dafür ist die Reaktion des antiken Dichters Xenophanes auf die Behauptung, dass die Götter dem Menschen ähnlich seien.

> Wenn aber die Rinder und Pferde und Löwen Hände hätten / und mit diesen Händen malen könnten und Bild-

werke schaffen wie Menschen, / so würden die Pferde die Götter abbilden und malen in der Gestalt von Pferden, / die Rinder in der von Rindern, und sie würden solche Statuen meißeln, / ihrer eigenen Körpergestalt entsprechend.[19]

Dies widerlegt die These nicht, dass die Götter den Menschen ähnlich sind. Sie bringt aber die Überlegung ins Spiel, dass die Menschen die Götter vielleicht deshalb als dem Menschen ähnlich sich vorstellen, weil sie selber Menschen sind und sich Götter gar nicht anders vorstellen können. Und sie relativiert den Götterglauben der Menschen, indem sie diesen neben eine andere Form des Glaubens setzt. Man kann eben eine solche Relativierung auch dadurch herbeiführen, dass man auf die zahlreichen bestehenden Religionen verweist, die je ihre eigenen Vorstellungen der Götter haben. Welche von diesen ist nun die richtige? Denn alle können ja nicht gleichzeitig wahr sein. Wer hat also recht, wenn jede einzelne Religion meint, dass sie recht hat, aber nur eine recht haben kann? Ein Verschwörungstheoretiker wird zustimmen, dass es weder den Osterhasen noch Micky Maus, weder die Schlümpfe noch das Ungeheuer in Loch Ness gibt. Doch er wird daran festhalten, dass es diesen einen Verschwörungszirkel gibt, an den er glaubt. Wie gesagt, widerlegt dieser Hinweis auf die vielen falschen Vorstellungen seine Position nicht, erschüttert sie aber wenigstens.

Sollte allerdings ein Verschwörungstheoretiker behaupten, er glaube trotzdem daran, dass eine These wahr sei, obwohl es völlig unmöglich erscheint, dass sie wahr ist, denn dass sie unmöglich erscheine, sei kein Grund gegen sie, stellt sich die Frage, welchen Grund es überhaupt gibt, an sie zu glauben. Verabschiedet man sich grundsätzlich davon, Gründe *gegen* etwas zur Kenntnis zu nehmen, wird es auch schwer, Gründe *für* etwas zur Kenntnis zu nehmen.

Eine weitere Methode der subversiven Kritik besteht darin, durch einen Wechsel der Perspektive die gewohnte Sichtweise zu unterlaufen bzw. zu verfremden. Der französische Philosoph Montesquieu (1689–1755) bedient sich dieser Technik in den *Persischen Briefen*. Darin schildert ein Perser die gesellschaftliche Situation im zeitgenössischen Frankreich in Briefen, die er in sein Heimatland schickt. Voltaire (1694–1778) bedient sich einer ähnlichen Technik in seinem Werk *Micromégas*. Darin wird die Sicht eines riesigen Wesens aus dem All geschildert, das sich über das Verhalten der winzigen Lebewesen auf Erden wundert. Der Perspektivenwechsel dient hier dazu, dass die Menschen einen neuen Blick auf ihre eigenen Auffassungen werfen. Auch hier gilt wiederum: Die Aussagen widerlegen gängige Auffassungen nicht, doch sie erschüttern sie.[20]

Machen wir uns nichts vor: Eine Verschwörungstheorie wird sich auch nicht durch subversive Kritik so einfach aus der Welt schaffen lassen. Aber je mehr solcher Erschütterungen eine Verschwörungstheorie aushalten muss, desto unglaubwürdiger wird sie schließlich.

Leider greift ein weiteres Problem um sich: Man verwendet die Bezeichnung »Verschwörungstheoretiker« inzwischen auch dazu, um die Glaubwürdigkeit von jemandem zu diskreditieren, ohne sich mit dem Inhalt seiner Auffassungen auseinanderzusetzen. Wer sich zum Beispiel kritisch gegenüber den Medien äußert, wird schnell einmal als Verschwörungstheoretiker bezeichnet, obwohl er gar keine Verschwörungstheorie vertritt. Der Ausdruck ist zu einem Kampfbegriff geworden: Alles, was mir nicht in den Kram passt, stammt von einem Verschwörungstheoretiker. Im nächsten Kapitel wird es um die Frage gehen, wie wir mit Fake News umgehen können.

***

1. *Für wie glaubwürdig halten Sie die folgenden Aussagen? (»sehr glaubwürdig«, »glaubwürdig«, »weder glaubwürdig noch unglaubwürdig«, »eher unglaubwürdig«, »sehr unglaubwürdig«)*
   a) *Die Erde ist flach.*
   b) *Es gibt außerirdisches Leben.*
   c) *Zwischen HIV und AIDS besteht kein ursächlicher Zusammenhang.*
   d) *Elvis Presley lebt.*
   e) *Das Computerprogramm AlphaGo gewinnt im Brettspiel Go gegen jeden Go-Spieler.*
   f) *Hat es die Zeit zwischen 614 und 911 (die urkundlich kaum belegt ist) nicht gegeben?*
2. *Informieren Sie sich über eine bestimmte Verschwörungstheorie. Wie würden Sie gegen diese eine Verschwörungstheorie argumentieren?*
3. *Kennen Sie in Ihrem Bekanntenkreis einen Anhänger einer bestimmten Verschwörungstheorie? Versuchen Sie, mit ihm ein Gespräch über die von ihm vertretene Theorie zu führen.*

7. Fake News

Fake News sind in aller Munde, seit im Jahr 2016 die Abstimmung in Großbritannien zum Austritt aus der Europäischen Union, dem sogenannten Brexit, und die Wahl zum 45. Präsidenten der USA durch absichtlich positionierte Falschmeldungen beeinflusst wurden. Was genau sind Fake News?

Im Englischen kann mit dem Ausdruck Fake News auch eine gespielte, vorgetäuschte Nachrichtensendung gemeint sein. Eine solche Fernsehsendung kann als Parodie oder Satire gemeint sein, also zum Beispiel im Rahmen der Fernsehsendung *Saturday Night Live* oder entsprechenden deutschsprachigen Fernsehsendungen. Inzwischen bezeichnet der Begriff etwas anderes, und in der eingedeutschten Version von Fake News ist dies auch nicht Teil der Bedeutung: Fake News bezeichnet nun eine Falschmeldung ohne Informationsabsicht. Den Begriff könnte man auch genauer definieren: Fake News sind Nachrichten, die über traditionelle oder soziale Medien an eine Öffentlichkeit gerichtet sind und die einen Mangel an Wahrheit und einen Mangel an Wahrhaftigkeit aufweisen. Das heißt konkret: Sie sind entweder falsch oder irreführend (Mangel an Wahrheit), und sie werden entweder mit der Absicht verbreitet, jemanden zu täuschen, oder von jemandem, dem die Wahrheit gleichgültig ist (Mangel an Wahrhaftigkeit).[21]

Manchmal spricht man, wie gesagt, auch von Falschmeldungen. Eine Falschmeldung kann aber in guter Absicht entstanden sein. Die entsprechenden Meldungen sind dann keine Fake News. Oft entschuldigen sich diejenigen, die eine solche Nachricht verbreitet haben, und stellen die Aussage richtig (im Presserecht findet sich ein Recht auf »Geltendmachung von Gegendarstellungsansprüchen«, d. h., dass eine falsche Behauptung im selben Medium richtiggestellt werden muss). Häufig ist in solchen Fällen die Rede von »falschen Informationen«. Dies ist insofern eine unglückliche Wortwahl, da etwas Falsches gar keine Information sein kann, da sie nichts Entsprechendes transportiert. Besser wäre es, von falschen »Meldungen«, »Nachrichten« oder »Aussagen« oder allenfalls von »Pseudoinformationen« zu reden, also von Informationen, die nur so aussehen, als ob sie Informationen wären, es aber gar nicht sind.

Veränderungen in der Medienlandschaft

Fake News sind in der Mediengeschichte an sich nichts Neues. Doch hat sich in den letzten Jahrzehnten einiges verändert. Neu ist erstens, dass es *so viele* Fake News gibt. Die Anzahl an Fake News hat allein aufgrund der Einfachheit der Produktion (vor allem im Internet) massiv zugenommen. Dabei ist jedoch zu beachten, dass zugleich die Anzahl aller Nachrichten und damit auch aller wahren Nachrichten ebenfalls massiv zugenommen hat. Von der Antike bis zur Erfindung des Buchdrucks durch Johannes Gutenberg im 15. Jahrhundert waren die technischen Möglichkeiten äußerst begrenzt, sich direkt und schnell an eine große Anzahl von an weit auseinanderliegenden Orten sich befindenden Menschen zu wenden. Mit dem Siegeszug des Buchdrucks wurde das technisch gesehen einfacher, doch war die Verbreitung von Informationen aufwändig und teuer und lag in den Händen relativ weniger Leute. Zunächst gab es nur Printmedien (also Flugblätter, Bücher, Zeitungen oder Zeitschriften). Im Laufe des 20. Jahrhunderts kamen Radio und Fernsehen dazu. Die Verlagshäuser bzw. die Redaktionen der Zeitungen und Rundfunksender, die zum Teil von staatlichen Rundfunkanstalten betrieben werden, bestimmten und bestimmen immer noch selbst, was sie berichten und was nicht. Mit der Einführung des Internets und sogenannter Sozialer Medien, d. h. Internetplattformen, die es Nutzern ermöglichen, eigenproduzierte Inhalte mit einer bestimmten Gemeinschaft oder mit der Öffentlichkeit zu teilen, kann im Prinzip jeder einzelne Mensch Tausende oder Millionen von Menschen erreichen. Und damit ist es auch viel einfacher für jeden Einzelnen geworden, Falschmeldungen zu verbreiten.

Neu ist zweitens, dass es so einfach ist, Fake News *anonym* zu verbreiten. Man kann im Internet sehr leicht unter einem Pseudonym Nachrichten verbreiten, fiktive Personen in den Sozialen Medien erschaffen, und mit den sogenannten *Social Bots* sogar Programme entwickeln, die Fake News der gewünschten Art automatisch und fortlaufend in den Sozialen Medien produzieren. Man kann private Internetseiten erstellen, diese als seriöse Nachrichtenseiten tarnen und in den Meldungen auf diese Internetseiten verweisen. Die Möglichkeiten, unter falschem Namen und ohne Preisgabe der eigenen Identität Falschmeldungen in großer Anzahl zu produzieren, scheinen unbegrenzt zu sein.

Neu ist drittens, dass die *technischen Möglichkeiten für eine Fälschung* sich extrem erweitert haben. Mit entsprechenden Programmen lässt sich mit wenig Aufwand jede beliebige Fotografie ganz nach Belieben verändern. Man kann z. B. nicht nur einfach eine Person verschwinden lassen, sondern ganze Szenen neu zusammenstellen. Mittlerweile kann man mit Hilfe von Künstlicher Intelligenz Bilder und Filme produzieren, die täuschend echt wirken, aber nicht echt sind, zum Beispiel eine Rede von Barack Obama, die dieser nie gehalten hat. Man bezeichnet solche Fake News als »Deep Fake« (eine Wortneuschöpfung, die sich aus »Deep Learning« und »Fake« zusammensetzt). Die technischen Möglichkeiten sind inzwischen so weit fortgeschritten, dass man im Prinzip jedes erdenkliche Ereignis in einem echt aussehenden Film darstellen kann. Das bewegte Bild beeinflusst verbunden mit Geräuschen oder Musik unser Bewusstsein auf direktere Art als eine sprachliche Meldung, die erst langsam und mit relativ großem kognitivem Aufwand interpretiert werden muss. Diese Veränderungen der technischen Möglichkeiten führen somit dazu, dass man Menschen mit audiovisuellen Falschmeldungen noch direkter beeinflussen kann.

Bullshit

Der US-amerikanische Philosoph Harry Frankfurt (*1929) vermutet in seinem Aufsatz »On Bullshit«, dass die Gleichgültigkeit gegenüber der Wahrheit auch auf der Sprecherseite zugenommen habe. Immer mehr Menschen machen Aussagen, von denen sie nicht wissen, ob sie wahr oder falsch sind, und ohne sich darum zu kümmern, ob sie wahr oder falsch sind. Es geht den Sprechern gar nicht mehr darum, Informationen zu übermitteln, sondern ausschließlich andere Ziele zu erreichen.[22]

Bullshit ist von der Lüge zu unterscheiden. Wer lügt, will jemanden von der Wahrheit einer Aussage überzeugen (nämlich von einer Aussage, die er selbst für falsch hält). Der Lügner orientiert sich somit an der Wahrheit. Der Bullshitter tut dies jedoch nicht. Ihm ist es egal, ob eine Aussage wahr oder falsch ist, solange es nur seinen Interessen dient, wenn andere seine Aussagen nur glauben. Der berühmteste Bullshitter ist Donald Trump, der 45. Präsident der USA. Er versendet Meldungen auf Twitter, ohne sich darum zu kümmern, ob sie wahr oder falsch sind. Ihn scheint nur das zu interessieren, was ihm nützt. Am 18. Februar 2017 versandte Trump im Anschluss an Aussagen über terroristische Attacken folgenden Tweet: »You look at what's happening last night in Sweden!« Es hatte sich am Vorabend in Schweden aber gar kein terroristischer Anschlag ereignet, und auch nichts, was man damit hätte annähernd in Verbindung bringen können. Am Tag darauf twitterte Trump: »My statement as to what's happening in Sweden was in reference to a story that was broadcast on @FoxNews concerning immigrants & Sweden.« Offenbar hatte Trump eine dokumentarische Fernsehsendung oder Teile dieser Sendung gesehen. Worum es in der Sendung genau ging, interessierte ihn offensichtlich nicht, solange er mit einem Verweis nur seine Ziele verfolgen konnte, in diesem Fall vermutlich die Angst vor terroristischen Attacken in der Bevölkerung zu schüren.

Warum gibt es heute mehr Bullshit als früher? Harry Frankfurt mutmaßte, dass einer der Gründe wohl darin zu sehen sei, dass immer mehr Menschen in Situationen kommen, in denen sie sich zu etwas äußern müssen, das sie nicht genügend verstehen. Dies mag ein Grund dafür sein, ist aber heutzutage sicher nicht der einzige und wohl auch nicht der wichtigste. Vielmehr geht es den bekannten Bullshittern um politische Macht, und vielen unbekannten Bullshittern um leicht zu verdienendes Geld. Das Prinzip ist einfach: Je mehr Klicks man auf einer Internetseite mit Werbung hat, desto mehr Geld bekommt man für diese Klicks von Google oder anderen Unternehmen. Mit Meldungen, die Aufsehen erregen, gelangt man zu mehr Klicks. Also liegt es nahe, sich entsprechende Meldungen einfach auszudenken, ohne sich darum zu kümmern, ob sie irgendetwas mit der Wahrheit zu tun haben.

Gesellschaftspolitische Folgen von Desinformation

Der politische Einsatz von Fake News hat Folgen für die Gesellschaft. Es geht dabei nicht nur um Täuschung, sondern auch um die Darstellung von Macht und vor allem um gezielte Desinformation. Durch den Einsatz von Falschmeldungen sollen Teile der Bevölkerung verunsichert und ihr Vertrauen in die Medien und letztlich in die Demokratie und den Rechtsstaat zerstört werden. Demokratie lebt davon, dass es einen gemeinsamen politischen Diskurs in der Bevölkerung gibt. Diese Praxis setzt wiederum voraus, dass eine gemeinsame Basis von Tatsachen existiert, auf die man sich stützen kann. Die Medien leisten zu dieser Praxis einen entscheidenden Beitrag. Wird diese gemeinsame Basis zerstört, wird damit längerfristig auch die Demokratie zerstört. Die Beantwortung der Frage, wie man die Demokratie verteidigen, stützen oder gar ausbauen kann, geht weit über das Thema dieses Buches hinaus.

Die große Anzahl an Fake News im Internet stellt jeden Einzelnen von uns vor die Herausforderung, sie zu erkennen. Wie können wir Fake News erkennen? Diese Frage führt uns zu der noch grundlegenderen Frage: Wie können wir überhaupt erkennen, was wahr und was falsch ist?

In einem früheren Kapitel wurden bereits die eigene Erfahrung und Zeugenberichte als Informationsquelle genannt. Viele der Nachrichten in den Medien sind eine Art Zeugenbericht. Wir müssen also zwei Fragen stellen:

1. Ist der Verfasser wahrhaftig?
2. Ist die Nachricht wahr?

Romy Jaster und David Lanius haben eine Art Checkliste erstellt, die ich hier in erweiterter Form wiedergebe.[23]

Wahrhaftigkeit des Senders

1. Wer ist der Verfasser der Nachricht?
2. In welchem Medium erscheint die Nachricht?
   a) Leitmedium, d. h. ein Medium, das eine führende Rolle einnimmt. Dazu gehören im deutschsprachigen Raum u. a. die Radio- und Fernsehsender, die einen öffentlichen Informations- und Bildungsauftrag haben, wie ARD, ZDF, *Radio Deutschland*, ORF und SRF, Qualitätszeitungen wie die *Frankfurter Allgemeine Zeitung* (FAZ), die *Süddeutsche Zeitung* (SZ), die *Neue Zürcher Zeitung* (NZZ), die Wochenzeitschrift DIE ZEIT und der *Spiegel*. Wer Englisch liest, kann die

BBC und *The Guardian* aus Großbritannien sowie die *New York Times* und die *Washington Post* aus den USA konsultieren. Leitmedien genießen zu Recht hohes Vertrauen, denn sie gehen in ihren Recherchen sorgfältig vor, berücksichtigen verschiedene Standpunkte und publizieren in der Regel eine Nachricht nur dann, wenn sie aus einer vertrauenswürdigen Quelle stammt und wahr ist. Dennoch dürfen wir auch in Bezug auf Leitmedien unsere kritische Einstellung nicht ablegen und müssen unter Umständen die Berichte verschiedener Quellen miteinander vergleichen.

b) Regionale Medien. Dazu gehören regionale Radio- und Fernsehsender (zum Teil ebenfalls mit öffentlichem Informations- und Bildungsauftrag) sowie regionale Tageszeitungen. Immer mehr gibt es auch qualitativ hochstehende Online-Magazine wie z. B. die REPUBLIK.

c) Private Webseiten. In diesem Fall muss man besonders sorgfältig prüfen: Wer zeichnet für den Inhalt der Seite verantwortlich (schauen Sie unbedingt auf das Impressum)? Gibt es biografische Angaben zum Verfasser? Wann wurde die Seite (mit der Nachricht) veröffentlicht? Wann wurde sie aktualisiert?

d) Soziale Medien. Dazu gehören zum Beispiel Facebook, Twitter, Instagram, Whatsapp, Snapchat oder andere Dienste. Liest man eine Nachricht auf einer solchen Plattform, muss man überlegen, ob es nicht ein vertrauenswürdigeres Medium gibt, das man zusätzlich konsultieren könnte. Wenn nicht, so sollte man besonders genau prüfen, wer die Verfasser der Nachricht sind: Welchen biografischen Hintergrund und welche Expertise haben sie? Vielfach werden in Sozialen Medien Nachrichten einfach weitergeleitet. In diesem Fall muss man unbedingt prüfen, woher die Nachricht ursprünglich kommt.

3. Hat der Verfasser eine journalistische Ausbildung? Hat er eine für die Nachricht relevante wissenschaftliche Bildung? Hat er sonstige Qualifikationen?
4. Bemüht sich der Verfasser bzw. der Sender, seine Wahrhaftigkeit zu zeigen? Nennt er seine Quellen?
5. Welche (eigentlichen) Interessen könnte der Verfasser bzw. der Sender (das Medium) mit der Verbreitung der Nachricht verfolgen? Von wem wird der Verfasser (oder die Seite) finanziert oder gesponsert?

Wahrheit der Nachricht

1. Ist die Nachricht vereinbar mit unserem Hintergrundwissen oder widerspricht sie diesem? Wenn sie diesem widerspricht und es keinen guten Grund dafür gibt, am Hintergrundwissen zu zweifeln, dann sollte man die Nachricht nicht glauben.
2. Wird die Quelle angegeben? Ist die Quelle vertrauenswürdig (z. B. eine Nachrichtenagentur)?
3. Erscheint die Nachricht in verschiedenen Medien? Stützen sich die verschiedenen Berichte auf voneinander unabhängige Quellen?
4. Gibt es Gegendarstellungen? Wie ist deren Wahrhaftigkeit und Wahrheit zu beurteilen?

Der erste Punkt bei der Beurteilung, ob eine Nachricht wahr oder falsch ist, fordert, Hintergrundwissen einzubeziehen. Dies soll an einem Beispiel veranschaulicht werden:

Angenommen, im Internet ist die Rede von einem Mann, der drei Meter groß sein soll. Sollen wir das glauben? Um dies zu beurteilen, müssen wir beachten, was wir wissen. Wir wissen zum Beispiel, dass die meisten Menschen kleiner als zwei Meter sind. Es ist also eher unwahrscheinlich, dass ein Mensch größer als zwei Meter ist. Aber es ist, soweit wir wissen, nicht unmöglich, und vielleicht kennen wir jemanden, der tatsächlich größer als zwei Meter ist. Doch kennen wir jemanden, der viel größer als das ist? Nein. Außerdem wissen wir, dass im Vergleich längere Körper exponentiell schwerer werden: Ein Mann von zehn Meter Körpergröße würde unter seinem Körpergewicht zusammenbrechen bzw. von sich selbst zerquetscht werden. Somit sollten wir ohne einen weiteren, von der Nachricht unabhängigen Grund auf keinen Fall glauben, dass es einen Mann gibt, der drei Meter groß ist.

Eine grundlegende Schwierigkeit mit unserem Hintergrundwissen, das wir zum Verständnis einer Information heranziehen, besteht darin, dass einiges von dem, was wir zu wissen glauben, falsch ist. Jeder Mensch pflegt mindestens einige, vielleicht sogar viele falsche Überzeugungen. Vorurteile spielen dafür eine zentrale Rolle (diese sind Thema eines späteren Kapitels). So viel kann man jedoch bereits jetzt festhalten: Damit wir nicht Opfer unserer Vorurteile werden, müssen wir offen für Neues bleiben, d. h. wir müssen uns darum bemühen, verschiedene Perspektiven zu beachten und gegebenenfalls neue Aussagen zu prüfen und immer wieder Neues lernen zu wollen.

***

1. *Erläutern Sie, weshalb es mit dem Aufkommen von Sozialen Medien schwieriger geworden ist, die Vertrauenswürdigkeit einer Informationsquelle angemessen zu beurteilen.*
2. *Überlegen Sie sich eine Sache, über die Sie Genaueres erfahren möchten, recherchieren Sie im Internet und beurteilen Sie die Vertrauenswürdigkeit der Quellen. Machen Sie sich dabei jeweils bewusst, welcher der oben genannten Grundsätze sie gerade anwenden.*
3. *Was antworten Sie jemandem, der behauptet, es sei Ausdruck eines übermäßigen Misstrauens, wenn man dem, was ein Mensch im Internet veröffentlicht, grundsätzlich erst einmal nicht traut? Begründen Sie Ihre Antwort.*
4. *Was antworten Sie jemandem, der dafür argumentiert, dass man den Rundfunksendern mit staatlichem Informations- und Bildungsauftrag generell nicht trauen könne, weil sie doch sowieso im Interesse des Staates handeln würden? Begründen Sie Ihre Antwort.*

8. Sprachliche Unklarheiten

Im letzten Kapitel ging es um Fake News, d. h. um Falschmeldungen, die uns in die Irre führen wollen. Doch auch wahre Meldungen von identifizierbaren, realen Verfassern können uns irreleiten. Ein Grund dafür liegt darin, dass unsere Sprache in vielerlei Hinsicht unklar ist. Die Unklarheiten der Sprache werden deshalb auch absichtlich zur Täuschung eingesetzt, doch können sie auch zu unbeabsichtigten Missverständnissen führen. In jedem Fall lohnt es sich, einige Arten sprachlicher Unklarheiten zu kennen.

Mehrdeutigkeit

Betrachten Sie den folgenden Satz:

(1) Wir fordern mehr Sicherheit!

Der Satz ist hochgradig mehrdeutig. Ohne Kenntnis des genauen Kontextes der Äußerung kann nicht beurteilt werden, was damit eigentlich gemeint ist. Das Wort Sicherheit kann einmal bezogen auf Überzeugungen einen möglichst hohen Grad an Gewissheit bedeuten. Oder geht es um ein beliebiges Objekt und dessen Schutz vor verschiedenen Arten von Gefahren? Zunächst muss also geklärt werden, in welcher Bedeutung das Wort verwendet wird. Nehmen wir an, es geht um Schutz. Sodann muss geklärt werden, worauf es sich bezieht: Wer soll wovor geschützt werden? Nehmen wir weiter an, es geht um Verkehrssicherheit, d. h. um größeren Schutz der Verkehrsteilnehmer vor Unfällen und Verletzungen. Auch diese Präzisierung reicht noch nicht aus, um die Bedeutung des Satzes eindeutig zu klären, denn es kann immer noch Unterschiedliches gemeint sein, je nachdem, wer was von wem fordert: Fordern Radfahrer? Oder Fußgänger? Oder Tierschützer? Gemeint sein könnte z. B.:

(1a) Wir, die Stadtregierung, fordern von den Verkehrsteilnehmern, dass sie sich besser vor Verletzungen bei Unfällen schützen, zum Beispiel durch die Verwendung von Sicherheitsgurten für Autofahrer und Helmen für Fahrradfahrer.

(1b) Wir, die Stadtbevölkerung, fordern von der Stadtverwaltung, dass sie geeignete Maßnahmen (wie Tempolimits oder zusätzliche Beleuchtung und Beschilderungen) trifft, um die Anzahl der Unfälle zu reduzieren.

Das Beispiel zeigt, dass unsere Sprache in vielerlei Hinsicht mehrdeutig ist. Mehrdeutigkeit kann in verschiedenen Formen auftreten, in Bezug auf die wörtliche Bedeutung eines Wortes (lexikalische Mehrdeutigkeit) oder in Bezug auf die Satzstruktur (syntaktische Mehrdeutigkeit): Was bedeutet beispielsweise der Satz: »Susanne und Thomas gingen spazieren.« Ging jeder für sich oder beide miteinander? Zu nennen sind auch konkrete Äußerungssituationen: Was meint jemand genau, wenn er von »wir« spricht (pragmatische Mehrdeutigkeit)?

Kurz: Wenn klar sein soll, was gemeint ist, dann müssen (von wem auch immer) Mehrdeutigkeiten aufgelöst werden.[24]

Vagheit

Eine weitere Ursache für Unklarheit in der Sprache liegt in der *Vagheit* von Begriffen. Ein Begriff ist dann vage, wenn nicht für jeden Gegenstand klar ist, ob er unter den Begriff fällt. Vagheit ist dabei nicht mit Mehrdeutigkeit zu verwechseln. Betrachten wir den Satz: »Sie besitzt ein Haus.« Ist die Aussage auch dann noch wahr, wenn das Haus kein Dach hat? Oder wenn es kein Fenster hat? Oder keine Tür? Es geht hier nicht darum, welche Art von Haus genau gemeint ist, etwa ein Reihenhaus, ein Baumhaus oder ein Hochhaus. Nicht die Mehrdeutigkeit als solche ist hier das Problem. Die Frage ist hier vielmehr, ob man die Objekte mit den genannten Eigenschaften noch als Haus bezeichnen würde. Dies ist unklar. Deshalb ist der Begriff »Haus« vage. Betrachten wir den Satz: »Sie wiegt 62 Kilogramm.« Ist die Aussage falsch, wenn die Person 61,5 Kilogramm wiegt? Und wenn sie 61,3 Kilogramm wiegt? Und wenn sie am Morgen 61 und am Abend 63 Kilogramm wiegt? Sie werden sagen: »Das ist nicht so genau zu nehmen. Es ist ungefähr gemeint.« Aber müsste man dann nicht in jedem Satz anfügen, dass es »ungefähr« so sei? Betrachten wir den Satz: »Es regnet heute nicht.« Was ist nun, wenn ein einziger Tropfen Wasser aus einer Wolke auf den Boden fällt? Würde nun einer sagen: »Es hat doch geregnet«, würden wir antworten: »Das meinen wir nicht. Ein Tropfen macht ja noch keinen Regen aus.«

Die meisten Begriffe der Alltagssprache sind vage. Vagheit lässt sich für Begriffe, die sich auf etwas beziehen, das wir mit den Sinnen wahrnehmen können, auch nicht vollständig aufheben, weil wir für Eindeutigkeit alle erdenklichen Möglichkeiten ausschließen können müssten.

Ist Vagheit ein Problem? Meistens nicht. Doch sie kann zu Missverständnissen führen. Und je nach Zusammenhang, etwa in juristischen oder wissenschaftlichen Kontexten, kann es entscheidend sein, Vagheit so weit wie irgend möglich zu minimieren.

Bei einigen vagen Begriffen setzen wir *implizite Standards* voraus, etwa dann, wenn wir das Adjektiv »groß« verwenden. Die Sätze: »Diese Ameise ist groß« und »Dieser Elefant ist groß« schreiben beiden Tieren selbstverständlich nicht dieselbe Größe zu. Vielmehr meinen wir so etwas wie »groß für eine Ameise« und »groß für einen Elefanten«, d. h., wir setzen implizit einen Standard voraus, zu dem etwas als relativ groß verstanden wird. Weitere Beispiele sind »klein«, »schnell«, »langsam«, »hoch«, »tief«, »durchschnittlich«, »über- oder unterdurchschnittlich«. Man kann den implizit verwendeten Standard explizit machen und damit die Vagheit zumindest reduzieren. Wenn die Gefahr eines Missverständnisses droht, dann sollte man dies unbedingt tun.[25]

Metaphern

Eine weitere Ursache dafür, dass Sprache unklar ist, sind *Metaphern*. Eine Metapher ist nach Aristoteles die »Übertragung eines Wortes (das somit in uneigentlicher Bedeutung verwendet wird)«[26]. Was bedeutet »Übertragung« hier aber genau? Auch diese Formulierung scheint nämlich selbst wieder eine Metapher zu sein, denn es wird hier nichts von einem Ort zu einem anderen getragen. Der Ausdruck wird in einer anderen als der gewohnten Bedeutung verwendet, aber nicht einfach in irgendeiner, sondern so, dass ein Zusammenhang zwischen den Bedeutungen vorausgesetzt und dazu vom Sprecher erwartet wird, dass der Hörer ihn kennt und vor allem in diesem Falle auch erkennt. Aristoteles nennt als Beispiel das Wort »Löwe«, das dazu verwendet wird, damit den Kämpfer Achilles zu bezeichnen. Natürlich ist Achilles kein Löwe, hat aber gewisse Eigenschaften, die man auch einem Löwen zuschreibt, vielleicht die, tapfer zu sein. Wir könnten dann sagen, dass der Satz: »Achilles ist ein Löwe« metaphorisch, während der Satz: »Achilles ist tapfer« wörtlich gemeint ist und die Bedeutung der Metapher ausformuliert. Ob man jedoch die Bedeutung einer Metapher so einfach ausformulieren kann, ist umstritten. Fiktionale Literatur lebt von Metaphern, denn ästhetischer Wert lässt sich nicht erhalten, wenn man ihn durch eine wörtliche Formulierung zu ersetzen versucht (wie auch ein Witz, den man erklären muss, eigentlich kein Witz mehr ist). Wenn es aber darum geht, Missverständnisse zu vermeiden und möglichst klar auszudrücken, worum es geht, sollte man auf Metaphern verzichten, da deren Bedeutung sich naturgemäß niemals absolut klar formulieren lässt. Stattdessen sollte man sich um eine wörtliche Formulierung bemühen.[27]

Alle, einige oder keine

Ursache für Unklarheit in der Sprache können auch Wörter wie »alle«, »einige« und »keine« sein, d. h. sogenannte Wörter für die *Quantifikation*. Die Mehrdeutigkeiten von Aussagen mit Quantifikationen bleiben nicht selten unbemerkt, weil sie in der Gesprächssituation keine praktischen Auswirkungen haben. Das bedeutet freilich nicht, dass sie keine solchen Auswirkungen haben oder haben können. Betrachten wir die folgenden Aussagen:

(1) Alle wissen, wer es getan hat.
(2) Du kommst immer zu spät.
(3) Niemand hebt ab.

Hier werden Aussagen über alle Dinge in einem bestimmten Bereich gemacht. Solche Aussagen nennt man *Allaussagen* (oder universelle Urteile). Manchmal meinen wir die strikte Allgemeinheit, so in Beispiel (3): Es hebt tatsächlich gar niemand ab. Vielfach meinen wir aber keine strikte Allgemeinheit. Dies fällt dann auf, wenn jemand die Allaussagen mit einem Gegenbeispiel, d. h. mit einem einzelnen Fall, auf den die Aussage nicht zutrifft, widerlegt. Zum Beispiel könnte jemand auf die zweite Aussage antworten: »Das stimmt gar nicht: Gestern war ich nicht zu spät.« Damit wäre die Allaussage widerlegt. Doch hat der Sprecher vermutlich übertreiben, um seiner Äußerung Nachdruck zu verleihen. Er meinte vielleicht nur:

(2a) Du bist in letzter Zeit sehr oft zu spät gekommen.

Diese Aussage enthält nach wie vor eine Quantifikation, doch ist sie nicht mehr derartig strikt, es handelt sich also nicht mehr um eine Allaussage. Man kann die Aussage auch nicht mehr mit einem Gegenbeispiel widerlegen.

Ausdrücke wie »sehr viele«, »fast alle« oder »die meisten« helfen, eine genauere Aussage zu machen, bleiben selbst jedoch vage. Es wird damit nicht gesagt, wie viele es genau sind. Bedeutet »fast alle«, dass es 95 oder 99 Prozent sind? Und was bedeutet der folgende Satz?

(4) Die meisten Verkehrsteilnehmer Berlins verwenden öffentliche Verkehrsmittel.

Angenommen, es gibt vier Kategorien, wie Leute am Verkehr teilnehmen:

1. zu Fuß,
2. mit dem Fahrrad,
3. mit den öffentlichen Verkehrsmitteln und
4. mit dem Auto.

Eine entsprechende Verteilung könnte dann etwa so aussehen: 24 %, 26 %, 30 %, 20 %. Dann würde der Satz also bedeuten: »30 Prozent der Verkehrsteilnehmer Berlins verwenden öffentliche Verkehrsmittel.« Die Mehrheit würde sie nicht verwenden, dennoch bliebe die Aussage bezogen auf die vier Kategorien wahr.

Oftmals verwenden wir gar keine quantifizierenden Ausdrücke, obwohl wir implizit eine Quantifikation vornehmen. Hier ein paar Beispiele:

(1) Kinder spielen gerne.
(2) In Frankfurt ist es heiß.
(3) Männer rennen schneller als Frauen.
(4) Studentinnen zeigen die besseren Leistungen als Studenten.

Meinen wir jeweils alle Individuen und immer, oder nur einige und manchmal? Je nachdem bedeutet der Satz dann jeweils ganz Unterschiedliches. Mit (1) meint jemand vielleicht tatsächlich alle Kinder. Doch müsste man genau genommen sagen, dass die Aussage falsch ist, sobald es auch nur ein Gegenbeispiel von einem Kind gibt, das nicht gerne spielt. Das scheint nicht unmöglich zu sein. Also müsste man damit weniger als alle meinen. Doch wie viele? Mit der Formulierung »den meisten« wäre man auf der sicheren Seite, doch vermutlich möchte man mehr ausdrücken als nur das. Denn man möchte ja nicht nur behaupten, dass es viele Kinder sind, als würde man sagen: »Die meisten Kinder mögen Schokolade«. In diesem Fall wäre man sich bewusst, dass es auch viele Kinder gibt, die keine Schokolade mögen. Doch der Fall, dass ein Kind nicht spielen mag (in einem weiten Sinn von »spielen«), dürfte eine Ausnahme bilden. Man nennt Ausdrücke, die dazu verwendet werden, etwas über eine ganze Klasse von Dingen zu sagen, aber unter Umständen auch Ausnahmen zulassen, »generische Ausdrücke«. Generische Ausdrücke finden sich auch in Sätzen wie »Menschen sind vernunftbegabt«, »Vögel können fliegen« oder »Hunde können bellen«. Es ist umstritten, wie man generische Ausdrücke genau analysieren soll. Wir können das mit dem Beispielsatz Gemeinte so umschreiben:

(1a) Von einigen Ausnahmen abgesehen, spielen alle Kinder gern.

Schauen wir uns nun die weiteren Beispielsätze an. Mit (2) meint man wohl nicht, dass es an jedem Tag zu jeder Zeit an jeder Stelle in Frankfurt heiß ist, sondern eher das Folgende:

(2a) An einigen Tagen im Sommer ist es in Frankfurt heiß.

Mit (3) und (4) behauptet man anscheinend nicht, dass alle Männer schneller als alle Frauen rennen bzw. dass alle Studentinnen bessere Leistungen als alle Studenten zeigen. Mit (3) könnte eines von Folgendem gemeint sein:

(3a) Es gibt einen Mann, der den Hundertmeterlauf schneller rennt als alle Frauen.
(3b) Alle Männer rennen den Hundertmeterlauf schneller als die schnellste Hundertmeterläuferin.
(3c) Im Durchschnitt rennen Männer jede Strecke schneller als Frauen.

(3a) ist allgemein akzeptiert und deshalb keine besonders interessante Aussage. (3b) ist falsch. Vermutlich meint man mit (3) am ehesten (3c). Doch was ist hier mit »Durchschnitt« gemeint? Umgangssprachlich meint man damit einen *Mittelwert*, d. h., das arithmetische Mittel aus mehreren Zahlen (das arithmetische Mittel aus 4, 6 und 8 ist 6, nämlich 4 + 6 + 8 = 18; und 18 : 3 = 6 (die Summe der Zahlen geteilt durch die Anzahl der Zahlen). Man könnte die Aussage dann auch so formulieren:

> »Die Durchschnittszeit für den Hundertmeterlauf ist bei den männlichen Läufern niedriger als bei den Läuferinnen«.

Mit Durchschnitt kann man aber auch den *Medianwert* meinen, also einen bestimmten Wert, bei dem die Hälfte der Zahlen über ihm und die Hälfte der Zahlen unter ihm liegen. Schließlich kann man mit Durchschnitt auch den *Modalwert* meinen, d. h. die Zahl, die am häufigsten vorkommt.

Veranschaulichen wir uns den Unterschied der drei Werte an einer Reihe von fiktiven Zeiten für den Hundertmeterlauf in Sekunden:

Männer: 10, 11, 11, 12, 12, 12, 13, 13 und 16
Frauen: 11, 11, 12, 12, 12, 12, 13, 14 und 15

In diesem fiktiven Beispiel ist der schnellste und auch der langsamste Läufer ein Mann. Der Mittelwert der Laufzeit der Männer ist mit 12,2 kleiner als derjenige der Frauen mit 12,4. Der Median, d. h. der Mittelpunkt in der Reihe, ist in beiden Fällen derselbe, nämlich 12. Auch der Modalwert ist bei beiden dieselbe, nämlich ebenfalls 12, mit drei Vorkommnissen in der Reihe der Zeiten der Männer und vier Vorkommnissen in der Reihe der Frauen. Je nachdem, auf welchen Wert man sich in (3c) bezieht, kann der Satz also wahr oder auch falsch sein. Im Satz (4) ist vermutlich der Mittelwert gemeint: Der Mittelwert der Leistungen der Studentinnen ist höher als derjenige der Studenten.

Wir haben bereits gesehen, dass man manchmal, wenn man »immer« sagt, nicht immer meint, weil man übertreibt. Ein Beispiel: Achten Sie einmal darauf, in welchem Zusammenhang jemand den Begriff »unzählig« verwendet. »Dafür gibt es unzählige Gründe«. Wirklich so viele?

Manchmal untertreiben wir auch, wenn wir sagen: »Einige Menschen arbeiten« oder »Einige Gründe leuchten mir ein«, mir eigentlich jedoch alle Gründe einleuchten, ich das aber nicht zugeben will.

Nun gibt es aber noch ein anderes sprachliches Phänomen. Wenn wir sagen:

(5) Einige Menschen haben blonde Haare.

Dann meinen wir damit auch:

(5a) Nicht alle Menschen haben blonde Haare.

Wir meinen dies, obwohl das durch Satz (5) logisch nicht ausgeschlossen ist, denn wir haben ja, wörtlich, nur etwas über einige Menschen gesagt, und damit nicht ausgeschlossen, dass es alle sind. Wie kann man das erklären?

Eine naheliegende Erklärung lautet, das Wort »einige« bedeute, dass es immer *einige, aber nicht alle* sind. Doch gegen diese Bedeutung von »einige« spricht die Möglichkeit, dass die Aussage zufällig auf alle Dinge in dem Bereich zutrifft. In diesem Fall müsste man einräumen, dass die Aussage genau genommen falsch ist. Wir müssten also sagen, (5) sei falsch, wenn tatsächlich alle Menschen blond wären. Das ist aber wenig überzeugend. Dass wir mit »einige« meinen, dass es einige, aber nicht alle sind, können wir auch anders als über die wörtliche Bedeutung erklären. Wir müssen nämlich unterscheiden, was wörtlich gesagt und was lediglich angedeutet wird, also: was nicht wörtlich gesagt, aber dennoch gemeint ist. Mit »einige« sagen wir wörtlich, dass es einige oder alle sind, meinen jedoch, dass es einige, aber nicht alle sind. Was man meint, aber nicht wörtlich sagt, nennt man mit dem englischen Philosophen Paul Grice (1913–1988) eine Implikatur.

Assoziationen und Kommunikationsebenen

In den bisherigen Überlegungen, welche Ursachen es für Unklarheit in der Sprache gibt, haben wir Unklarheit immer auf den Inhalt von Äußerungen bezogen. Das ist in verschiedener Hinsicht nicht hinreichend. Vermutlich werden Sie sich dies bei einigen Beispielen bereits gedacht haben. In der zwischenmenschlichen Kommunikation spielen nicht nur die Bedeutungen der Worte eine Rolle (unter »Bedeutung« verstehen wir dabei etwas, das für die Wahrheit des Satzes relevant ist), sondern auch *Assoziationen*, d. h. das, was man mit den Worten verbindet, etwa Bilder, Emotionen und Wertungen. So wird man mit den Worten »alte Menschen« oder »blonde Haare« mehr oder weniger bewusst Bilder und positive oder negative Emotionen und Wertungen verbinden. Diese Aspekte sind für die Wahrheit des geäußerten Satzes nicht relevant. Sie können unser Verhalten jedoch noch stärker beeinflussen als die Bedeutung der Äußerung. In der Werbung wird davon bewusst und absichtlich Gebrauch gemacht. Die Beeinflussung unseres Denkens durch Sprache ist sehr vielfältig (in den folgenden Kapiteln werden einige Formen derartiger Beeinflussung erläutert).

Außerdem ist die zwischenmenschliche Kommunikation viel komplexer und umfasst immer *mehrere Ebenen*. Der Psychologe Friedemann Schulz von Thun (*1944) unterscheidet vier Ebenen, nämlich 1. die Sachebene, 2. die Beziehungsebene, 3. die Appellebene und 4. die Ebene der Selbstoffenbarung.[28]

Sehen wir uns noch einmal den Satz: »Du kommst immer zu spät« genauer an. Mit diesem Satz kann man jemandem auf unterschiedlichen Ebenen Informationen geben:

(1) Du warst in letzter Zeit öfters zu spät. (Sachebene)
(2) Du bist mir wichtig. Ich möchte von dir respektiert werden. Zuspätkommen ist für mich eine Form von Respektlosigkeit. (Beziehungsebene)
(3) Sei bitte pünktlich! (Appellebene)
(4) Ich habe mich darüber aufgeregt, dass du zu spät warst. (Ebene der Selbstoffenbarung)

Die Informationen auf den verschiedenen Ebenen sind uns nicht alle bewusst, und sie sind auch nicht alle Teil von dem, was wir mit unserer Äußerung meinen, denn wir beabsichtigen oftmals gar nicht, diese Informationen zu geben. Sie sind jedoch unausweichlich Teil der zwischenmenschlichen Kommunikation. Zur Minimierung von Missverständnissen, insbesondere in Konfliktsituationen, ist es ein hilfreiches Mittel, sich als Sprecher und als Hörer immer wieder aufs Neue aller vier Ebenen bewusst zu machen.

Wenn es darum geht, jemanden zu einer Verhaltensänderung zu bewegen, lohnt es sich zudem, auch die vier Schritte der gewaltfreien Kommunikation nach Marshall Rosenberg (1934–2015) im Auge zu behalten:

1. die Situation zu beschreiben, ohne sie zu bewerten,
2. die Gefühle zu beschreiben, die die Situation in uns auslöst,
3. eigene Bedürfnisse zu äußern und schließlich
4. eine Bitte zu formulieren.

Oder in einen Satz gepackt: »Wenn ich A sehe/höre, dann fühle ich B, weil ich C brauche/wertschätze; deshalb würde ich dich bitten, D zu tun.[29]«

Der Einsatz dieser Methode setzt selbstverständlich voraus, dass man sich seiner eigenen Gefühle und Bedürfnisse auch tatsächlich bewusst ist (und das ist nicht immer leicht). Die Beachtung der vier Ebenen kann einem auch gerade dazu dienen, sich gewisser Gefühle und Bedürfnisse bewusst zu werden, weil man dann bewusst formulieren muss, welche Gefühle und Bedürfnisse man hat.

***

1. *Welche Mehrdeutigkeiten erkennen Sie in den folgenden Sätzen?*
   a) *Sie ging zur Bank.*
   b) *Er verlässt das Geschäft.*
   c) *Der Tod ist das Ziel des Lebens.*
   d) *Anja und Klaus sind verliebt.*
   e) *Emmanuel Macron steht rechts von der Mitte.*
   f) *Der Schutz der Arbeitsplätze muss erhöht werden.*
2. *Erläutern Sie an einem eigenen Beispiel den Unterschied zwischen Mehrdeutigkeit und Vagheit.*
3. *Ein Tropfen macht noch keinen Regen aus. Wie viele Tropfen müssten es sein, damit es Regen ist? Was würden Sie antworten?*
4. *Welche Quantifikation würden Sie in den folgenden Sätzen setzen (oder ersetzen)?*
   a) *Hunde sind Säugetiere.*
   b) *Katzen fressen Fleisch.*
   c) *Männer sind gewalttätig.*

d) Männer sind gewalttätiger als Frauen.

e) »Fußball ist ein einfaches Spiel: 22 Männer jagen 90 Minuten lang einem Ball nach, und am Ende gewinnen immer die Deutschen.« (Gary Lineker)

f) Menschen sind aufgrund des Klimawandels bereit, ihren Lebensstil zu ändern.

5. *Angenommen, eine politische Partei würde Folgendes versprechen: »Wir werden die Steuern um durchschnittlich 1000 Euro pro Person und Jahr reduzieren«. Erläutern Sie anhand von Median und Modalwert, aus welchem Grund die Aussage für die Mehrheit der Bevölkerung nicht unbedingt positiv sein muss.*
6. *Wählen Sie einen Begriff aus und überlegen Sie, welche Assoziationen man mit diesen verbinden und zu welchen Missverständnissen dies führen könnte.*
7. *Rufen Sie sich eine Kommunikationssituation in Erinnerung, in der Sie (oder eine andere Person) emotional reagierten. Überlegen Sie sich, welche Informationen auf den vier Ebenen nach Schulz von Thun übermittelt wurden, und welche davon am ehesten Auslöser für ihre bestimmte Emotion war.*

9. Differenzierungen

Das vorherige Kapitel hat es bereits gezeigt: Damit wir Unklarheiten in der Sprache beseitigen und Missverständnisse möglichst vermeiden können, müssen wir unter anderem Mehrdeutigkeiten auflösen, Vagheiten durch Präzisierungen minimieren und bei Quantifikationen genau angeben, wie viele Personen und Gegenstände aus welchem Bereich gemeint sind. In diesem Kapitel soll erläutert werden, wie wir weitere Differenzierungen vornehmen können, damit die Aussage möglichst präzise ist.

Begriffliche Differenzierungen

Stellen Sie sich vor, Sie würden in einem fremden Land auf einem Wahlplakat folgende Forderung lesen:

(1) Wir wollen mehr Freiheit!

Der Begriff der Freiheit kann sich auf vieles beziehen und umfasst viele verschiedene Aspekte, so dass man ohne weiteres Hintergrundwissen nicht verstehen kann, was hier genau gefordert wird. Man könnte etwa folgende Differenzierung vornehmen:

(1a) Wir wollen mehr politische Freiheit!
(1b) Wir wollen mehr ökonomische Freiheit!

Man kann sich vorstellen, dass die Forderung (1a) in einem Land von Menschen gestellt wird, die gewisse politische

Freiheiten wie die der politischen Teilnahme oder Partizipation (Stimm- und Wahlrecht), das Recht auf Religionsfreiheit oder auf freie Meinungsäußerung nicht hat. Die Forderung (1b) könnte von Menschen gestellt werden, die sich durch Gesetze und Regulierungen in ihren geschäftlichen Handlungen eingeschränkt fühlen, etwa Unternehmerinnen, die erst gewisse Auflagen erfüllen müssen, damit sie ein Geschäft eröffnen und betreiben dürfen, oder Unternehmerinnen, die auf den Geschäftsgewinn in ihren Augen zu hohe Steuern zahlen müssen.

Wie sehen hier die begrifflichen Beziehungen aus? Die genannten Differenzierungen innerhalb des Begriffs der Freiheit lassen sich in einem Baumdiagramm wie folgt darstellen:

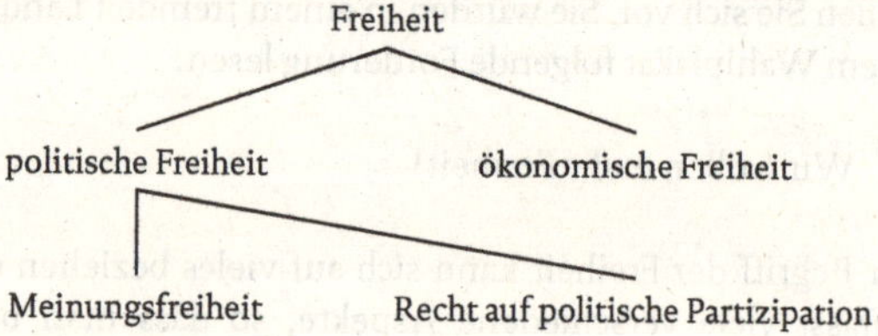

Die Differenzierung in politische und ökonomische Freiheit ist keine Differenzierung in zwei Bedeutungen des Begriffs Freiheit – der Begriff ist in dieser Hinsicht nicht mehrdeutig –, sondern differenziert in zwei *Arten* der Freiheit.

Noch ein Beispiel: Menschen, Katzen und Hunde sind Lebewesen. Der Begriff des Lebewesens umfasst die Begriffe »Mensch«, »Katze« und »Hund«. Der Begriff »Lebewesen« ist nicht mehrdeutig, sondern umfasst verschiedene Tierarten. Wir können auch sagen: Die Menge der Lebewesen umfasst die Menge der Menschen, die Menge der Katzen und die Menge der Hunde. Die Menge der Menschen bildet also eine Teilmenge der Menge der Lebewesen. Wir könnten auch sagen: »Alle Menschen sind Lebewesen, aber nicht alle Lebewesen sind Menschen«, oder mit Platzhaltern: »Alle A sind B, aber nicht alle B sind A«. Als Mengendiagramm mit Kreisen als Mengen können wir dies so darstellen:

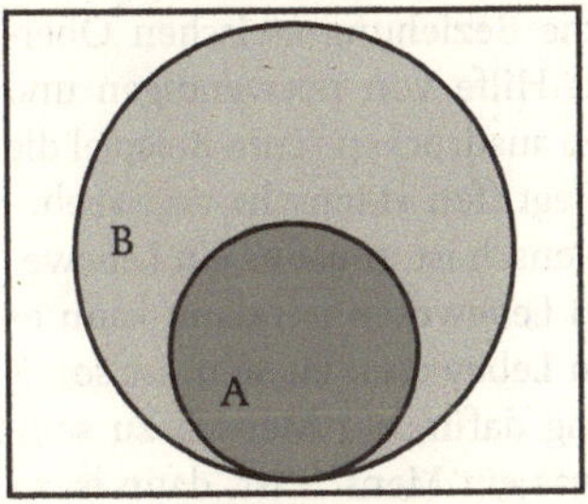

Alle A sind B, aber nicht alle B sind A.

Für die Variablen A und B kann man beliebige Begriffe einsetzen. Je nachdem erhält man eine wahre oder falsche Aussage. Zum Beispiel ist die Aussage »Alle Menschen sind blond« falsch, die Aussage »Alle Menschen haben ein Herz« demgegenüber wahr.

In diesem letzten Beispiel ist der umfassendere Begriff (Oberbegriff) »Wesen mit Herz«, und der unter diesen fallende Begriff (Unterbegriff) »Mensch«. Welche Ober- und Unterbegriffe man sinnvollerweise wählt, hängt von dem Zweck ab, den man mit der Unterscheidung verfolgt. In dem obigen Beispiel der Forderung nach Freiheit kann der Unterbegriff der ökonomischen Freiheit zum Beispiel dann sinnvoll sein, wenn man aufzeigen möchte, dass es genau diese Art von Freiheit ist, die hier gefordert ist (und dies wäre aus der ursprünglichen Formulierung nicht ersichtlich).

Notwendige und hinreichende Bedingungen

Wir können die begriffliche Beziehung zwischen Ober- und Unterbegriff auch mit Hilfe von notwendigen und hinreichenden Bedingungen ausdrücken. Zum Beispiel die Beziehung zwischen den Begriffen »Mensch« und »Lebewesen«. Damit etwas ein Mensch ist, muss es ein Lebewesen sein. Wenn etwas kein Lebewesen ist, dann kann es auch kein Mensch sein. Ein Lebewesen zu sein, ist somit eine notwendige Bedingung dafür, ein Mensch zu sein. Umgekehrt gilt: Wenn etwas ein Mensch ist, dann ist es zugleich ein Lebewesen. Ein Mensch zu sein, ist somit eine hinreichende Bedingung dafür, ein Lebewesen zu sein.

Bedingungen spielen in unserem gesellschaftlichen Leben eine Rolle. Wer noch nicht 16 Jahre alt ist, darf keinen Alkohol kaufen. Dieses Alter ist somit eine notwendige Bedingung dafür, dass man Alkohol kaufen darf. Ist das Alter auch eine hinreichende Bedingung? Im Normallfall ist es der Fall, denn man geht davon aus, dass man eine Person ist, d. h., dass man gemäß dem Gesetz fähig ist, einen Kauf zu tätigen, und nennt die Bedingung nicht explizit. Genau genommen ist es eine weitere notwendige Bedingung.

Sind die beiden Bedingungen zusammen hinreichend? Nun, prinzipiell muss man noch spezifizieren, auf welche Länder die Aussage bezogen ist, denn es gibt Länder, in denen der Kauf von Alkohol generell verboten ist. Angenommen, wir beschränken die Gültigkeit der Aussage auf ein bestimmtes Land – zum Beispiel Deutschland: Wären dann die Bedingungen hinreichend? Selbst dann kann es sein, dass die Person nicht berechtigt ist, Alkohol zu kaufen, etwa dann, wenn sie sich in einem Strafvollzug befindet. Wie dieses einfache Beispiel zeigt, ist es nicht immer leicht, hinreichende Bedingungen zu formulieren. Notwendige Bedingungen müssen nicht hinreichend sein, wie bereits das Beispiel des Mindestalters in Bezug darauf, Alkohol kaufen zu dürfen, zeigt.

Hier noch zwei weitere Beispiele: Dass etwas ein Lebewesen ist, ist notwendig dafür, dass es ein Mensch ist, doch es ist nicht hinreichend, denn dadurch, dass man ein Lebewesen ist, ist man noch lange kein Mensch. Dass man 18 Jahre alt ist, ist notwendig dafür, dass man Auto fahren darf, jedoch nicht hinreichende Bedingung, denn man muss zusätzlich auch noch einen Führerschein haben.

Hinreichende Bedingungen müssen nicht notwendig sein. Dass etwas ein Mensch ist, ist hinreichend dafür, ein Lebewesen zu sein, aber nicht notwendig, denn auch Katzen und Hunde sind Lebewesen. Dass eine Person mit französischer Staatsbürgerschaft 20 Jahre alt ist, ist hinreichend dafür, dass sie in Frankreich wählen darf, ist aber nicht notwendig, denn man darf bereits ab dem Alter von 18 Jahren wählen. In Österreich ist nicht einmal das Alter von 18 Jahren notwendige Bedingung, denn man darf bereits ab dem Alter von 16 Jahren wählen.

Bedingungen können sogar gleichzeitig notwendig und hinreichend sein. Angenommen, eine Mutter sei eine Frau, die (mindestens) ein Kind hat. Eine Frau zu sein und ein Kind zu haben, ist demnach notwendige und hinreichende Bedingung dafür, eine Mutter zu sein. Angenommen, jede Person, die französische Staatsbürgerin und 18 Jahre alt ist, hat in Frankreich das Wahlrecht. Es ist somit eine notwendige und hinreichende Bedingung dafür, dass man das Wahlrecht in Frankreich hat, dass man eine mindestens 18-jährige Person ist und die französische Staatsbürgerschaft hat.

Notwendige und hinreichende Bedingungen geben wir an, wenn wir einen Begriff vollständig definieren. Wir zeigen die Angabe von notwendigen und hinreichenden Bedingungen mit der Formulierung »genau dann, wenn« an. Zum Beispiel: Jemand ist ein Vater genau dann, wenn er ein Mann ist und (mindestens) ein Kind hat. In diesem Fall ist das Mannsein und das Kindhaben je eine notwendige Bedingung für das Vatersein, und zusammengenommen sind die beiden Bedingungen hinreichend für das Vatersein. Die Bedingungen in einer Definition können auch jeweils einzeln hinreichend und zusammen notwendig sein, etwa in folgendem Satz: Eine Person ist ein Elternteil genau dann, wenn sie ein Vater *oder* eine Mutter ist.

Die Bedingungen lassen sich allgemein mit »p« und »q« als Platzhalter für Sätze wie folgt formulieren: In einer Aussage der Form »Wenn p, dann q«, ist p eine hinreichende Bedingung für q, und q ist eine notwendige Bedingung für p. Die Aussage der Form »Wenn p, dann q« ist gleichbedeutend mit der Aussage der Form »Wenn nicht q, dann nicht p«. Zum Beispiel ist »Wenn etwas ein Mensch ist, dann ist es ein Lebewesen« dieselbe Aussage wie »Wenn etwas kein

Lebewesen ist, dann ist es auch kein Mensch«. In der Aussage der Form »p genau dann, wenn q« ist p eine notwendige und hinreichende Bedingung für q (und umgekehrt q eine notwendige und hinreichende Bedingung für p).[30]

***

1. *In Deutschland schließt man das Gymnasium mit dem Abitur ab. Welche Bedingungen sind notwendig und welche Bedingungen sind hinreichend dafür, dass man das Abitur erhält?*
   a) *Man tritt bei den Abiturprüfungen an.*
   b) *Man besteht die Abiturprüfungen.*
   c) *Man besteht die Abiturprüfungen mit dem Notendurchschnitt 1,0.*
2. *Gegeben seien die folgenden Teilnahmebedingungen für den Essay-Wettbewerb der Gesellschaft für Analytische Philosophie: »Teilnahmeberechtigt für den Essaypreis sind generell Studierende und ehemalige Studierende aus Deutschland, Österreich oder der Schweiz (Herkunfts- oder Studienland), die folgende Bedingungen erfüllen:*
   1. *Sie absolvieren ein Studium der Philosophie oder ein Studium, in dem Philosophie einen wesentlichen Anteil ausmacht, oder haben ein solches Studium absolviert, und:*
   2. *Bei Ende der Ausschreibungsfrist gilt für sie (bezüglich dieses Studiums), dass (a) sie in einem Studiengang, der kein Promotionsstudiengang ist, sowohl immatrikuliert als auch mindestens im fünften Fachsemester sind oder (b) sie in einem Masterstudiengang immatrikuliert sind oder (c) ihr letzter Studienabschluss*

(nicht Promotion) nicht länger als zwei Jahre zurückliegt.«

Sind die folgenden Bedingungen für eine Teilnahme notwendig? Sind sie hinreichend? (Beide Fragen sind für jede Bedingung zu beantworten.)

Man ist Studierender in Deutschland, Österreich oder der Schweiz, oder man kommt aus einem dieser drei Länder, und

a) *Man möchte gerne Philosophie studieren.*
b) *Man absolviert ein Studium der Philosophie.*
c) *Man absolviert ein Studium der Philosophie und ist gegen Ende der Ausschreibungsfrist in einem Masterstudiengang immatrikuliert.*
d) *Man absolviert ein Studium der Philosophie oder ein Studium, in dem Philosophie einen wesentlichen Anteil ausmacht, oder hat ein solches Studium absolviert.*
e) *Man studiert Geografie auf Masterstufe, hat aber einen Bachelor-Abschluss in Philosophie.*
f) *Man hat Philosophie studiert und ist seit drei Jahren Doktorandin in Philosophie.*

10. Vorurteile

Vorurteile sind Urteile, die wir auf Grundlage unzureichender Gründe oder völlig ohne Gründe fällen. Oft spricht man von Vorurteilen, wenn jemand ein negatives Bild von einer bestimmten Gruppe von Menschen hat. Aber ein Vorurteil im allgemeinen Sinn besteht auch bei einem positiven Bild. Und ein Vorurteil muss sich nicht unbedingt auf Menschen, sondern kann sich im Prinzip auf irgendetwas beziehen. Zum Beispiel könnte man das Vorurteil gegenüber allen Käsesorten haben, dass sie salzig sind.

Vorzüge und Gefahren von Vorurteilen

Vorurteile helfen uns dabei, uns in einer komplexen Umwelt schnell zurechtzufinden. Zum Beispiel führt uns das Vorurteil »Bellende Hunde sind gefährlich« dazu, dass wir uns vor bellenden Hunden in Acht nehmen, und dies wiederum führt dazu, dass wir vermutlich weniger oft von Hunden gebissen werden. Wir wissen dabei nicht, wie viele genau der bellenden Hunde gefährlich sind, d. h., wir haben unser Urteil ohne hinreichende Gründe gefällt. Deshalb handelt es sich um ein Vorurteil. Und da uns das Vorurteil vor Hundebissen schützt, ist es ein nützliches Vorurteil. Ein Vorurteil kann nützlich sein, auch wenn es falsch ist. Vorurteile können aber auch wahr sein. Es könnte zum Beispiel tatsächlich so sein, dass bellende Hunde gefährlicher als nicht bellende sind, d. h., sie in den meisten Fällen tatsächlich eine Gefahr darstellen.

Vorurteile helfen uns auch, uns in der sozialen Umwelt zu orientieren. Jeder von uns hat positive und negative Vorurteile gegenüber anderen Menschen. Für uns sind sie Mitglieder einer bestimmten, willkürlich gebildeten Gruppe, z. B. der Gruppe der Menschen mit weißer oder schwarzer Haut, der männlichen oder weiblichen Menschen, der Kinder oder alten Menschen, der Handwerker oder Akademiker, der Gruppe der Menschen vom Land oder aus der Stadt. In der Sozialpsychologie spricht man in diesem Zusammenhang von »Eigengruppe« (engl. *ingroup*) und »Fremdgruppe« (engl. *outgroup*). Eine Eigengruppe ist jene Gruppe von Menschen, mit denen wir uns identifizieren, die Fremdgruppe jene Gruppe von Menschen, mit denen wir uns nicht identifizieren. Der Sozialpsychologe Henri Tajfel (1919–1982) konnte in Experimenten nachweisen, dass bedeutungslose Unterschiede extrem schnell zu Vorurteilen führen können: Die Mitglieder der Eigengruppe wurden sehr schnell als sympathischer angesehen und für die Tätigkeit belohnt, während die Mitglieder der Fremdgruppe unfair behandelt wurden.

Manche verlangen, man sollte ganz auf Vorurteile verzichten. Doch wir können ohne Vorurteile nicht leben, weil wir uns ohne sie in unserem sozialen Umfeld nicht orientieren könnten. Man stelle sich vor, man würde jeden Menschen völlig unabhängig von seinen Eigenschaften betrachten, die er mit anderen Menschen teilt. Dann wüssten wir nicht, ob wir eher einen Kollegen oder einen Fremden um Hilfe bitten sollten, oder ob wir eher einer Polizistin oder einer Drogensüchtigen glauben sollten, wenn diese über einen Vorfall berichten. Vorurteile, positive ebenso wie negative, sind nötig, damit wir uns im sozialen Umfeld orientieren können. Vom Faktor Zeit ganz zu schweigen.

Die wohl größte Gefahr von Vorurteilen besteht darin, dass wir den anderen nicht mehr als Individuum, sondern nur noch als jemanden wahrnehmen, der zu einer bestimmten Gruppe gehört. Handelt es sich dabei um negative Vorurteile, führt dies im harmloseren Fall zu Gleichgültigkeit oder Desinteresse gegenüber Mitgliedern dieser Gruppe. Dadurch, dass wir uns Menschen dieser Gruppe nicht zuwenden, verpassen wir die Gelegenheit, neue Menschen kennenzulernen, Freundschaften zu schließen oder eine neue Liebesbeziehung einzugehen. Im gravierenderen Fall können negative Vorurteile die Ablehnung, Abwertung, Diskriminierung oder gar Verfolgung von Menschen bestimmter Gruppen fördern. Die Geschichte der Menschheit wird immer noch geprägt durch die Folgen von Rassismus, Sexismus, Fremdenfeindlichkeit und Homophobie.

Was können wir gegen den negativen Einfluss von Vorurteilen tun? Eine naheliegende Antwort lautet, dass wir uns einfach über die Merkmale verschiedener Gruppen informieren und damit schnell erkennen sollten, welche unserer Vorurteile wir aufgeben und welche wir revidieren müssen. Doch so einfach ist dies nicht, da wir dazu neigen, Informationen, die unseren Überzeugungen widersprechen, nicht zu berücksichtigen oder zumindest in ihrer Bedeutung herabzustufen. Angenommen, wir werten die widersprechenden Informationen als Gefahr für unsere Sicherheit und Identität, weil sie Überzeugungen in Frage stellen, die zu unserem Selbstbild gehören, so kann sogar der gegenteilige Effekt auftreten, dass wir uns nämlich in unseren Überzeugungen noch bestärkt fühlen.

Eine wirksamere Methode zur Bekämpfung von negativen Vorurteilen besteht in der persönlichen Erfahrung. Wir müssen gemeinsame Erfahrungen mit Menschen von Fremdgruppen machen. Es reicht allerdings nicht aus, einfach Zeit mit Menschen von Fremdgruppen zu verbringen, wie Sozialpsychologen gezeigt haben, sondern wir müssen Erfahrungen in der Interaktion mit diesen Menschen in der Verfolgung gemeinsamer Ziele machen. Erst dadurch erhöht sich die Wahrscheinlichkeit, dass wir Vorurteile überwinden.

Implizite Vorurteile

Viele Vorurteile, die wir haben, sind uns gar nicht bewusst. Und sie beeinflussen unser Verhalten, ohne dass wir dies bemerken. Wir können versuchen, uns diese unbewussten Vorurteile bewusst zu machen. Ein Verfahren dazu wurde Ende der 1990er Jahre vom Sozialpsychologen Anthony Greenwald (*1939) entwickelt. Die Grundidee dieses sogenannten Impliziten Assoziationstests (IAT) besteht darin, dass die Zeit, die benötigt wird, um gewisse Wörter mit positiv oder negativ konnotierten Wörtern zu verbinden, einen Hinweis darauf gibt, welche positive oder negative Einstellung wir gegenüber den mit den Wörtern bezeichneten Dingen haben.

Der Test ist umstritten. Unter anderem wird die Methode als solche kritisiert. Man kann zum Beispiel einwenden, dass die Länge der Zeit, die wir zur Verbindung der Wörter benötigen, andere Ursachen haben kann als die, dass man die Inhalte davon tatsächlich stärker verknüpft.

Auch wurde Greenwald für seine Interpretation kritisiert. Man kann beispielsweise beanstanden, dass die stärkere Verknüpfung der Wörter nicht unbedingt einem Vorurteil entsprechen muss. Trotz dieser Einwände bietet der Test eine interessante Möglichkeit, implizite Vorurteile zu untersuchen.

Um den Einfluss impliziter Vorurteile zu minimieren, kann man zum einen versuchen, gewisse Faktoren auszuschließen, von denen man weiß, dass sie uns beeinflussen können, die aber für eine bestimmte Entscheidung nicht relevant sind. Stellen Sie sich vor, Sie müssten in Ihrem Betrieb eine Sekretariatsstelle neu besetzen. Das Alter – im Unterschied zur Erfahrung – hat keinen Einfluss darauf, wie gut jemand diese Stelle ausübt. Wir wissen aber, dass eine Information in Bezug auf das Alter des Bewerbers oder der Bewerberin uns irgendwie beeinflussen könnte. Dasselbe gilt auch für das Geschlecht und den Eigennamen der Person. Um diese Einflussfaktoren auszuschließen, könnten die Bewerbungsunterlagen von einem Mitarbeiter so bearbeitet werden, dass diese Informationen nicht mehr erkennbar sind, damit wir uns ausschließlich auf diejenigen Kriterien konzentrieren können, die für die Ausübung der Stelle relevant sind, etwa die jeweilige Ausbildung, Erfahrung und erwünschten Zusatzkenntnisse.

Zum anderen kann man versuchen, jene Informationen in den Vordergrund zu stellen, von denen wir wissen, dass sie bislang vernachlässigt wurden. So ist es unbezweifelbar, dass die Leistungen von Frauen in der Geschichte der Menschheit in Geschichtsbüchern vergleichsweise wenig Erwähnung gefunden haben. Wir könnten das derart geprägte Bild von Frauen ein wenig verändern, indem wir bewusst nach den Leistungen von Frauen fragen und suchen und diese Leistungen gegebenenfalls hervorheben.

Vorschnelles Schließen

Betrachten Sie nun den folgenden Fall. Angenommen, es würde eine aus einer repräsentativen Auswahl von Menschen aus der Bundesrepublik Deutschland zufällig ausgewählte Person wahrheitsgetreu von einer anderen wie folgt beschrieben: »Lena spricht gerne, sie weiß viel und sie erklärt gerne anderen Leuten etwas, manchmal auf besserwisserische Art und Weise.«

Was würden Sie vermuten: Ist Lena Lehrerin oder Kauffrau? Vermutlich werden Sie sagen, dass Lena eine Lehrerin (»erklären … besserwisserisch«) ist, obwohl es rein statistisch gesehen viel wahrscheinlicher ist, dass sie eine Kauffrau ist. Der Grund liegt darin, dass wir die Merkmale mit dem Stereotyp der Lehrerin verbinden und uns dieses Stereotyp zuerst in den Sinn kommt. Wir suchen gar nicht nach einer weiteren Möglichkeit der Erklärung der Aussage, denken nicht an statistische Verteilung in der Bevölkerung und geben die Antwort, die uns zuerst in den Sinn kommt. Wir ziehen somit eine *vorschnelle Schlussfolgerung*.

Daniel Kahneman nennt als Grund für derartige vorschnelle Schlussfolgerungen das Prinzip WYSIATI: *What you see is all there is*. Wir gehen nur von dem aus, was wir sehen. Was wir nicht sehen, das berücksichtigen wir nicht. Nur Informationen, die aktiviert werden, werden von unserem Assoziationsapparat verarbeitet. Informationen, die nicht aktiviert werden, existieren letztlich nicht, d. h. bleiben unberücksichtigt. WYSIATI erleichtert es uns, mit Hilfe partieller Informationen leicht und schnell eine kohärente Geschichte zu entwickeln, und diese Geschichte kommt der Wirklichkeit meistens so nahe, dass wir auf dieser Grundlage zu einer rationalen Entscheidung gelangen können. Doch dieses Prinzip kann uns, wie das obige Beispiel zeigt, auch in die Irre führen.[31]

Von Emotionen geleitetes Schließen

Auch Emotionen können uns dazu verleiten, vorschnell Schlüsse zu ziehen. Emotionen sind für uns im Alltag von entscheidender Bedeutung. Sie zeigen uns meistens angemessen an, was wir meiden und was wir suchen sollen. Vielfach ist uns nicht bewusst, welche Emotionen wir genau haben, und dennoch leiten diese unser Denken so, dass wir zu einer rationalen Entscheidung gelangen – zumindest in den meisten Fällen. Manchmal führen sie uns auch in die Irre. So etwa im Beispiel des Reeders, der sich von Wunschdenken leiten ließ, als er entscheiden musste, ob sein Schiff seetauglich ist oder nicht (s. Kap. 1). Im Alltag begegnen uns immer wieder solche Fälle, in denen wir uns von dem leiten lassen, was wir uns wünschen. Hier einige Beispiele:

(1) Mein/e Geliebte/r behandelt mich schlecht, doch er/sie wird sich bessern.
(2) Mein Kind hasst die Schule, doch das wird sich bald einrenken.

(3) Mein Fußballclub hat die letzten sechs Spiele verloren, aber das nächste Spiel wird er sicher gewinnen.[32]

In diesen Beispielen schließen die Menschen auf eine Aussage, von der sie sich wünschen, dass sie wahr ist. Der Kognitionswissenschaftler Paul Thagard (*1950) bezeichnet sie als »motivierte Schlüsse« (*motivated inference*). Selbstverständlich kann sich eine Aussage, auf die wir auf diese Art schließen, auch als wahr herausstellen, doch ist das Argument nicht gut.

Damit wir uns davor schützen können, dass uns Emotionen in die Irre führen, müssen wir uns zunächst einmal dessen bewusst werden, welche Emotionen und Wünsche wir in Bezug auf das zur Diskussion stehende Thema überhaupt haben. Wenn wir einen starken Wunsch haben, dass unsere Liebesbeziehung weiter besteht, und diese nur dann weiter bestehen kann, wenn die geliebte Person ihr Verhalten uns gegenüber verändert, dann sollten wir unserem Urteil, dass die Person sich tatsächlich bald ändern wird, nicht ohne Weiteres trauen. Wir sollten uns stattdessen lieber fragen, welche von uns unabhängigen Hinweise es auf der einen Seite dafür gibt, dass sich die Person in ihrem Verhalten ändern wird, und welche auf der anderen Seite, dass sie sich nicht ändern wird, vorausgesetzt, dass uns tatsächlich daran gelegen ist, die Lage realistisch einzuschätzen.

Nicht nur der Wunsch nach etwas, sondern auch die Angst vor etwas kann unser Denken beeinflussen. Erstaunlicherweise glauben wir manchmal etwas, gerade deshalb, weil wir Angst davor haben, dass es so ist. Hier sind einige Beispiele:

(4) Meine Freundin ruft mich seit ein paar Tagen nicht an, also muss sie einen Groll gegen mich haben.
(5) Ich habe diesen Ausschlag auf der Haut, also werde ich Hautkrebs haben.
(6) Mein Fußballclub spielt so schlecht, also wird er nur noch verlieren.

Thagard nennt solche Überlegungen »von Angst geleitete Schlüsse« (*fear-driven inferences*).[33] In solchen Fällen führt uns die Angst dazu, die Welt als viel schlechter anzusehen, als sie tatsächlich ist.

Auch hier muss man sich zunächst dessen bewusst werden, welche Ängste mit dem Thema verbunden sind, um zu erkennen, dass man dem eigenen Urteil nicht trauen kann, und um anschließend nach einer realistischeren Einschätzung zu suchen.

***

1. *Von der Harvard University werden im Internet frei zugängliche Implizite Assozationstests (auf Englisch) bereitgestellt. Gehen Sie auf die Internetseite und machen Sie einen der Tests. Überlegen Sie, wie aussagekräftig der Test insgesamt ist, und was Sie aus ihrem persönlichen Resultat lernen können.*
2. *Es gibt nach wie vor Menschen, die glauben, dass der Klimawandel nicht wesentlich menschengemacht sei. Wie erklären Sie das?*

11. Rahmungs- und Ankereffekte

Stellen Sie sich folgendes Szenario vor:[34] Es steht unmittelbar der Ausbruch einer Krankheit bevor, die schätzungsweise 600 Menschenleben fordern wird. Es werden zwei alternative Programme zur Bekämpfung vorgeschlagen. Angenommen, die exakten wissenschaftlichen Schätzungen der Folgen lauteten wie folgt:

- Wenn man Programm A durchführt, dann werden 200 Menschenleben gerettet.
- Wenn man Programm B durchführt, dann besteht eine Wahrscheinlichkeit von 1/3, dass 600 Menschenleben gerettet werden, und eine Wahrscheinlichkeit von 2/3, dass kein Menschenleben gerettet wird.

Welches der beiden Programme würden Sie wählen? Überlegen Sie, welche Antwort Sie geben würden.

Zusatz: Es existieren noch zwei weitere Programme. Überlegen Sie, welche dieser zwei Optionen, C oder D, Sie wählen würden.

- Wenn man Programm C durchführt, dann werden 400 Menschen sterben.
- Wenn man Programm D durchführt, dann besteht eine Wahrscheinlichkeit von 1/3, dass niemand stirbt, und eine Wahrscheinlichkeit von 2/3, dass 600 Menschen sterben.

Welche der beiden Optionen würden Sie wählen? Nun vergleichen Sie Ihre Antworten. Haben Sie die Antworten

A und D gewählt? Dann haben Sie so geantwortet wie die meisten Menschen. Doch diese Antworten sind inkonsistent, denn die Programme A und C sind miteinander identisch, ebenso wie die Programme B und D. Um eine konsistente Antwort geben zu können, muss man somit entweder die Programme A und C oder die Programme B und D wählen.

Mit diesem berühmten psychologischen Experiment haben Amos Tversky und Daniel Kahneman gezeigt, dass die Beschreibung der Folgen einer Wahlalternative einen Einfluss auf unsere Reaktionen hat. In den beiden Fällen unterscheiden sich die Folgen nicht, nur ihre Beschreibung ist verschieden, und dennoch reagieren die meisten Menschen verschieden. Wie kommt es dazu?

In der einen Formulierung werden die Folgen *positiv* beschrieben, es werden Leben *gerettet*. In der anderen werden die Folgen *negativ* beschrieben, es *sterben* Menschen. Die meisten Menschen neigen dazu, die sichere Option vorzuziehen, wenn die Folgen positiv beschrieben sind (Programm A), d. h., sie sind risikoscheu. Gleichzeitig neigen sie dazu, die sichere Option zu verwerfen, wenn die Folgen negativ sind (Programm C), d. h., sie werden risikofreudiger sein. Die Menschen ändern also ihre Einstellung gegenüber dem Risiko je nachdem, ob die Folgen positiv oder negativ beschrieben werden, obwohl es sich um genau dieselben Folgen handelt.[35] Passen Sie also auf, wie Sie die Folgen von etwas beschreiben bzw. was Sie mit dieser Beschreibung bezwecken.

Rahmungseffekte

Diesen Effekt, dass die Formulierung einen Einfluss auf die Reaktion hat, nennt man seit den Arbeiten von Tversky und Kahneman *Rahmungseffekt* (engl. *framing effect*). Die Formulierung einer Sache gibt uns einen Rahmen vor, und dieser Rahmen wird von den meisten als gegeben akzeptiert, d. h., wir bleiben innerhalb dieses Rahmens und denken nicht, diesen Rahmen zu erweitern oder sogar zu wechseln. Der kognitive Aufwand, einen alternativen Rahmen gedanklich zu konstruieren, scheint den Aufwand nicht wert zu sein.[36]

Vielleicht werden Sie denken, dies sei nur eine Spielerei von Psychologen. Doch die Folgen des Rahmungseffekts können dramatisch sein. Wenn unsere Entscheidungen davon abhängig sind, wie eine Entscheidungsfrage formuliert ist, dann haben diejenigen Macht über uns, die uns die Frage auf eine bestimmte Weise stellen. Denn sie können eine gezielt gefasste Formulierung zu einem bestimmten Zweck einsetzen, etwa in der Politik, wenn über ein Vorhaben abgestimmt werden soll.[37]

Wie kann man sich gegen Rahmungseffekte schützen? Da der Grund dafür, dass wir im einmal gewählten Rahmen verharren, darin liegt, dass wir an keine alternativen Rahmen denken, müssen wir in einer Entscheidungssituation genau dies tun: Wir müssen an alternative Rahmen denken, selbst wenn wir uns dazu zwingen sollten. Wir müssen uns etwa überlegen, welche alternativen Formulierungen es zu der Frage gibt, die uns beschäftigt, die denselben Inhalt zum Ausdruck bringt. Wie wir gesehen haben, spielt es offenbar eine Rolle, ob die Folgen positiv oder negativ beschrieben werden. Wir sollten uns die Entscheidungssituation einmal mit einer positiven Beschreibung und einmal mit einer negativen Beschreibung derselben Folgen vor Augen führen.

Ankereffekte

Betrachten wir ein weiteres Experiment, das Tversky und Kahneman 1974 entworfen und durchgeführt haben.[38] Sie manipulierten ein Glücksrad, so dass der Zeiger entweder bei der Zahl 10 oder bei der Zahl 65 stehenblieb. Sie rekrutierten ein paar Studentinnen und Studenten, teilten sie in Gruppen, stellten sich jeweils vor eine der Gruppen, drehten das Rad und forderten sie auf, die Zahl aufzuschreiben, bei der das Rad stehen blieb, also entweder 10 oder 65. Im Anschluss stellten sie den Teilnehmern zwei Fragen:

1. Ist der Prozentsatz afrikanischer Staaten unter den Mitgliedstaaten der Vereinten Nationen größer oder kleiner als die Zahl, die Sie gerade aufgeschrieben haben?
2. Wie hoch ist Ihrer Einschätzung nach der Prozentsatz afrikanischer Staaten in den Vereinten Nationen?

Obwohl die Zahl auf dem Glücksrad keinerlei Relevanz für die Beantwortung der Frage hat, beeinflusste sie die Antworten der Studentinnen und Studenten. Diejenigen, die eine 10 gesehen hatten, schätzten den Prozentsatz afrikanischer Länder auf durchschnittlich 25, und diejenigen, die eine 65 gesehen hatten, schätzten sie auf durchschnittlich 45.[39]

Dieser Effekt wird im Anschluss an Tversky und Kahneman *Ankereffekt* (engl. *anchoring effect*) genannt. Er tritt dann auf, wenn Menschen einen bestimmten Wert für eine bestimmte Größe erwägen, bevor sie die Größe tatsächlich abgeschätzt haben. Die Schätzwerte bleiben nahe bei der Zahl, die zuvor erwogen wurde. Tversky und Kahneman haben dazu zwei mögliche Erklärungen gefunden. Gemäß der ersten nimmt man den ersten Wert als Anker und bewegt sich mental von diesem weg. Diese mentale Bewegung endet in der Regel verfrüht, weil Menschen dann innehalten, wenn sie sich nicht mehr sicher sind. Die zweite Erklärung zielt auf den sogenannten *Priming*-Effekt: Wenn man die Frage gestellt bekommt, ob Gandhi mehr oder weniger als 144 Jahre alt war, als er starb, dann geht man nicht von dieser Zahl als Anker aus, doch man assoziiert entsprechend dem Zusammenhang der Frage, die auf einen vergleichsweise sehr alten Mann zielt. Diese Assoziation führt dazu, dass hier ebenfalls die Schätzwerte verzerrt werden.[40]

Wie Rahmungseffekte können auch Ankereffekte absichtlich verwendet werden, um andere Menschen zu beeinflussen. Kahneman berichtet von einem Fall, dass ein Supermarkt in den USA Dosensuppen für etwa zehn Prozent des regulären Preises anbot, um den Verkauf zu fördern. An manchen Tagen wurde am Regal das Schild aufgestellt: »Maximal zwölf Dosen pro Person«, an anderen Tagen das Schild »Keine Begrenzung pro Person«. Mit der Beschränkung kauften die Kunden durchschnittlich sieben Dosen, ohne Beschränkung nur halb so viele.[41]

Wie kann man sich vor solchen Ankereffekten schützen? Kahneman schlägt vor, die Strategie des bewussten

»Denkens des Gegenteils« anzuwenden. Man kann nach Argumenten suchen, die gegen den Anker sprechen oder bewusst einen anderen Anker setzen.[42] Man könnte sich also etwa fragen, ob man wirklich ernsthaft so viel Suppe essen oder ob man das Geld nicht lieber für ein anderes Essen ausgeben möchte. Oder man könnte sich bewusst den eigenen Anker »Kaufe immer nur 1« setzen, sich also denken, dass man eine verbilligte Dose kauft und sich dann überlegt, wie viele man zusätzlich tatsächlich benötigt.

Rahmungs- und Ankereffekte sind Fälle, die dem allgemeineren Prinzip WYSIATI von Kahneman entsprechen, das bereits im vorherigen Kapitel eingeführt wurde: *What you see is all there is*. Rahmungs- und Ankereffekte zeigen eindrücklich, wie uns dieses Prinzip in die Irre führen kann.[43]

***

1. *Sie wollen sich für einen Zuschauerplatz bei einer Fernsehshow bewerben. Sie überlegen sich, ob Sie Freitag oder Samstag wählen sollen.*
   a) *Sie lesen, dass am Freitag die Quote der Annahmen bei 87 Prozent liegt. Wie hoch schätzen Sie Ihre Chancen ein, am Freitag einen Platz zu bekommen: »sehr gut«, »gut«, »mittel«, »schlecht« oder »sehr schlecht«?*
   b) *Am Samstag liegt die Quote der Ablehnungen bei 13 Prozent. Wie hoch schätzen Sie Ihre Chancen ein, am Samstag einen Platz zu bekommen: »sehr gut«, »gut«, »mittel«, »schlecht«, »sehr schlecht«?*

Vergleichen Sie nun Ihre Antworten für a) und b).

2. *a) Ist die Distanz von Stuttgart nach Berlin größer als 50 km?*
   b) Wie groß ist die Distanz von Stuttgart nach Berlin?
   c) Ist die Distanz von München nach Berlin größer als 1000 km?
   d) Wie groß ist die Distanz von München nach Berlin?

   Vergleichen Sie nun Ihre Antworten für b) und d). (Die Distanz zwischen Stuttgart und Berlin ist etwa gleich groß wie die zwischen München und Berlin.)

12. Intuition als Standardeinstellung

Hier ist eine kleine Denkaufgabe, die Sie bitte beantworten, ohne lange zu überlegen:

> Ein Schläger und ein Ball kosten zusammen 1,10 Euro. Der Schläger kostet 1 Euro mehr als der Ball. Wie viel kostet der Ball?[44]

Was ist Ihre Antwort? Wenn Ihre Antwort lautet, dass der Ball zehn Cent kostet, so geben Sie die Antwort, die wir intuitiv für richtig halten, die aber falsch ist. Denn wenn der Ball 10 Cent kosten würde, dann würde der Schläger 1,10 Euro kosten, da ja ein Schläger einen Euro mehr kostet, als der Ball, und das bedeutet, dass die beiden Gegenstände zusammen 1,20 Euro kosten würden. Die Lösung lautet also (für viele verblüffend): 5 Cent.

Die Antwort 10 Cent kommt uns als erste in den Sinn. Haben wir diese Antwort einmal gegeben, dann denken wir nicht weiter nach. Der Psychologe Shane Frederick (*1968) entwickelte dieses Experiment, um genau das zu testen: Sind Menschen bereit, die erste Antwort, die ihnen in den Sinn kommt, zurückzuhalten und zu prüfen? Zusammen mit anderen ähnlichen Aufgaben bilden sie den von Frederick entwickelten sogenannten *Test der kognitiven Reflexion* (engl. *Cognitive Reflexion Test*).[45]

Wenn wir die Lösung, die uns als Erstes in den Sinn kommt, nicht prüfen, dann scheint uns offenbar der Aufwand dafür zu groß zu sein, sie zu prüfen. Wir denken nicht weiter nach, d. h., wir denken gar nicht über mögliche Alternativen nach, also auch nicht über die Möglichkeit, dass es 5 Cent sein könnten. Es besteht in diesem Fall gar kein Konflikt zwischen zwei miteinander konkurrierenden Antworten.[46] Damit wir nicht die falsche Antwort geben, müssen wir die erste Antwort, die uns in den Sinn kommt, zurückhalten und prüfen. Wenn wir dies tun, dann werden wir mit Leichtigkeit zu der richtigen Antwort gelangen.

Hier eine andere Aufgabe. Versuchen Sie, auch diese zu lösen.[47]

> Verbinden Sie die folgenden neun Punkte mit vier geraden Linien, ohne je den Stift abzusetzen.

Das Neun-Punkte-Problem

Diese Aufgabe ist von anderer Art als die erste. In der ersten Aufgabe muss man eine Antwort unterdrücken, die einem sofort in den Sinn kommt. In der zweiten Aufgabe kommt einem keine Antwort sofort in den Sinn, sondern man muss die Antwort erst suchen.[48]

Die richtige Antwort findet man, indem man mit den Geraden über die Figur hinausfährt. Doch das fällt uns schwer: Wir suchen zunächst nach einer Lösung eher *innerhalb* gewisser Annahmen – die Geraden sind alle innerhalb des mit den Punkten umrahmten Feldes. Um zu der richtigen Antwort zu gelangen, müssen wir diesen Rahmen aber in Frage stellen. Sprichwörtlich ist in diesem Zusammenhang auf Englisch die Redewendung »thinking outside the box« geworden.

Hier eine weitere Denkaufgabe.[49] Versuchen Sie, auch diese zu lösen.

> Philipp schaut Anne an, aber Anne schaut Georg an. Philipp ist verheiratet, aber Georg ist es nicht. Schaut eine verheiratete Person eine unverheiratete an?
>
> Philipp > Anne > Georg
>
> A) Ja.
> B) Nein.
> C) Es kann nicht bestimmt werden.

Welche Antwort haben Sie gegeben? Welche Antwort ist Ihnen als Erstes in den Sinn gekommen? Haben Sie sie überprüft?

Die richtige Antwort ist A. Zu dieser gelangt man, indem man das Resultat für alle möglichen Fälle prüft. In diesem Beispiel sind es nur zwei Fälle. Entweder ist Anne verheiratet oder sie ist es nicht. Wenn sie es ist, dann schaut eine Verheiratete einen Unverheirateten an, denn Georg ist unverheiratet. Wenn Sie es nicht ist, dann schaut ein Verheirateter, Philipp, eine Unverheiratete an. Also ist es in jedem Fall so, dass eine verheiratete Person eine unverheiratete anschaut.

Die Antwort, die uns als Erstes in den Sinn kommt, ist C. Wir sind deshalb dieser Meinung, weil in der Aufgabenstellung nicht gesagt wird, ob Anne verheiratet ist oder nicht. Daraus ziehen wir die vorschnelle Schlussfolgerung, dass die Antwort auch nicht bestimmt ist. Wir versuchen gar nicht erst, verschiedene andere Möglichkeiten durchzugehen. Offenbar ist uns der kognitive Aufwand zu groß.

Keith Stanovich und seine Kollegen verwenden diese Denkaufgabe als Test, um das sogenannte *disjunktive Nachdenken* (engl. *fully reflexive disjunctive reasoning*) genauer zu untersuchen. Unter dem disjunktiven Nachdenken verstehen sie, dass man in einer Denkaufgabe eine Lösung oder in einer Entscheidungssituation erst dann eine Option auswählt, nachdem man alle möglichen relevanten Zustände der Welt berücksichtigt hat. Obwohl es so ist, dass das disjunktive Nachdenken eine allgemeine Strategie des Denkens ist, vermögen die meisten Menschen in vielen Situationen nicht, sie anzuwenden. Wenn man sie aber dazu anweist, einmal alle möglichen Zustände zu berücksichtigen, dann sind die meisten dazu in der Lage.[50]

Die Schwierigkeit besteht offenbar in den Beispielen, in denen kognitive Reflexion oder disjunktives Nachdenken gefordert ist: Man muss erkennen, dass man in einer bestimmten Situation der Lösung, die einem als Erstes in den Sinn kommt, nicht trauen darf, sondern diese überprüfen muss. Um nicht in die Irre geführt zu werden, müssen wir somit erkennen, wann wir unserer Intuition nicht sofort trauen dürfen, und wir müssen uns zurückhalten, gleich die erste, die uns in den Sinn kommt, als die richtige Antwort zu geben. Wir sollten nun allerdings nicht versuchen, in jeder Situation unsere Intuition zu unterdrücken und den ersten Gedanken, den wir haben, genau zu prüfen. Denn das würde bedeuten, dass wir im Alltag nicht mehr effizient reagieren könnten. Unter Umständen gelangen wir sogar zu dem schlechteren Resultat, als wenn wir der Intuition gefolgt wären. Dies ist ein Punkt, auf den der Kognitionspsychologe Gerd Gigerenzer (*1947) mit Nachdruck hinweist.[51] Wir sollten uns aber bewusst sein, dass uns die Intuition zumindest zuweilen in die Irre führt. Und wir sollten uns auch darin üben, uns unserer Intuition zu widersetzen und unseren ersten Gedanken zu überprüfen.

***

1. *Testen Sie Ihre Fähigkeit, sich der Intuition zu widersetzen! Nehmen Sie zuerst bewusst wahr, welche Lösung Ihnen als Erstes in den Sinn kommt. Überlegen Sie dann noch einmal genauer und überprüfen Sie, ob die Lösung stimmt.*
   a) *Wenn fünf Maschinen fünf Minuten brauchen, um fünf Dinge herzustellen, wie lange brauchen dann 100 Maschinen, um 100 Dinge herzustellen?*[52]
   b) *In einem See breiten sich Seerosen aus. Jeden Tag verdoppelt sich die Größe des bedeckten Feldes. Wenn es 48 Tage dauert, bis die Seerosen den ganzen See bedecken, wie lange dauert es dann, bis sie die Hälfte des Sees bedecken?*[53]
2. *Testen Sie Ihr disjunktives Denken!*
   a) *»Ein Mann stand vor einem Porträt. Jemand fragte ihn: ›Wer ist das auf dem Bild, das Sie sich da ansehen?‹ Er antwortete: ›Brüder und Schwestern habe ich nicht, aber der Vater dieses Mannes ist der Sohn*

meines Vaters.‹ (›Der Vater dieses Mannes‹ bezieht sich natürlich auf den Vater des Mannes auf dem Bild.) Wessen Porträt betrachtete der Mann?«[54]

b) *Angenommen, Ritter sind Menschen, die immer die Wahrheit sagen, und Schurken sind Menschen, die immer lügen. Einmal standen drei Männer, A, B und C, gemeinsam in einem Garten. Da geht ein Fremder vorbei und fragt A: »Bist Du ein Ritter oder ein Schurke?« A antwortet, aber sehr undeutlich, so dass der Fremde nicht verstehen kann, was genau der gesagt hat. Daraufhin fragt der Fremde B: »Was hat A gesagt?« B entgegnet: »A hat gesagt, dass er ein Schurke ist«. In dem Augenblick sagt C, der dritte Mann: »Dem B darfst du nicht glauben, er lügt!« Die Frage lautet nun: Was sind B und C?«* [55]

3. *Angenommen, Sie seien in einem sehr dunklen Zimmer, so dass Sie keine Farben wahrnehmen können, und Sie müssten aufgrund ärztlicher Verschreibung genau eine blaue und eine rote Pille einnehmen – wenn Sie keine oder zwei derselben Farbe nehmen, verschlechtert sich Ihr Gesundheitszustand dramatisch. Nun ist Ihnen ein Missgeschick passiert: Die letzten zwei blauen und zwei roten Pillen sind Ihnen aus den Packungen auf den Tisch gefallen. Es liegen also vier Pillen in Ihrer Reichweite, doch Sie wissen nicht, welche Farbe sie haben. Was würden Sie tun?*
4. *Angenommen, es würde Ihnen folgendes Angebot gemacht: Wenn Sie eine schwarze Kugel aus einem Sack ziehen, dann erhalten Sie 10 Euro. Es gibt zwei Säcke. In Sack A sind 10 Kugeln, 9 weiße und 1 schwarze. In Sack B sind 100 Kugeln, 93 weiße und 7 schwarze. Aus welchem Sack, A oder B, würden Sie ziehen?*[56]

13. Argumente beurteilen

In Kapitel 3 ging es um die Frage, was genau ein Argument ist. Zur Erinnerung: Ein Argument ist eine Verknüpfung von Aussagen derart, dass eine oder mehrere Aussagen (die Prämissen) eine andere (die Konklusion) begründen. In diesem Kapitel soll nun untersucht werden, was ein gutes Argument ist. Es wird sich zeigen, dass ein Argument in mehrerlei Hinsicht gut bzw. nicht gut sein kann. Insbesondere wird der Begriff der Gültigkeit eingeführt, und es wird erläutert, wie man vorgehen kann, um Argumente hinsichtlich verschiedener Kriterien zu beurteilen.

Betrachten wir einige Beispiele von Argumenten. Diese werden hier mit nummerierten Prämissen dargestellt. Der Übergang von den Prämissen zur Konklusion wird mit dem Wort »Also:« angezeigt (vielfach wird er auch mit einem horizontalen Strich dargestellt; welche Darstellungsform gewählt wird, spielt jedoch keine Rolle). Überlegen Sie: In welchen der Argumente wird ein guter Grund für die Konklusion genannt? Und was macht ihn zu einem guten Grund?

(1)

1. Der Bus fährt gemäß Fahrplan um 7:42 Uhr.
2. Ich will diesen Bus erreichen.
3. Ich benötige normalerweise 6 Minuten zu Fuß vom Haus zur Haltestelle.
4. 42 – 6 = 36.

Also:

5. Ich muss spätestens um 7:36 Uhr aus dem Haus gehen.

(2)

1. Am Himmel sind graue Wolken zu sehen.

Also:

2. Es wird bald regnen.

(3)

1. Der Täter hatte blaue Jeans an.
2. Emil hat blaue Jeans an.

Also:

3. Emil ist der Täter.

(4)

1. Maria sagte mir, dass sie Antonio auf der Party gesehen habe.
2. Maria ist meine Freundin und hat mir bis jetzt immer die Wahrheit gesagt.

Also:

3. Antonio war auf der Party.

(5)

1. Wenn Antonio gestern Abend auf der Party war, dann war er nicht in Paris.
2. Antonio war gestern Abend auf der Party.

Also:

3. Antonio war gestern Abend nicht in Paris.

(6)
1. Wir sollen kein unnötiges Leid herbeiführen.
2. Das Essen von Fleisch von Tieren führt unnötiges Leid herbei.

Also:
3. Wir sollen kein Fleisch von Tieren essen.

In Argument (1) wird ein guter Grund für die Konklusion geliefert. Denn wenn die Prämissen wahr sind, dann ist wahrscheinlich auch die Konklusion wahr. Allerdings wird in der einen Prämisse gesagt, wie viel Zeit »normalerweise« benötigt wird. Es können durchaus auch nicht-normale Umstände herrschen – zum Beispiel könnte Glatteis auf der Straße sein: Dann müsste ich früher aus dem Haus gehen. Oder ich könnte einen neuen Tretroller erhalten haben, mit dem ich die Zeit auf 3 Minuten reduzieren könnte: Dann könnte ich das Haus auch später verlassen.

Zu diesem Argument (1) kann man zudem bemerken, dass die Konklusion eine Entscheidung oder Handlung ist. Man nennt ein solches Argument seit Aristoteles einen »praktischen Syllogismus«, weil es eben auf eine Praxis, eine Handlung ausgerichtet ist. In den anderen Beispielargumenten stehen in der Konklusion Aussagen, in denen jeweils ein Zustand oder ein Ereignis festgestellt wird. Wenn das Argument dazu dient, eine Überzeugung zu begründen, dann bezeichnet man es seit Aristoteles einen »theoretischen Syllogismus«.

Auch in Argument (2) liefert die Prämisse einen Grund dafür, die Aussage für wahr zu halten, dass es nämlich bald regnen wird. Allerdings ist dies ein eher schwacher Grund, da es häufig der Fall ist, dass graue Wolken am Himmel nicht zu Regen führen. Unabhängig von der jeweiligen Situation können wir jedoch nicht beurteilen, ob es sich hierbei um ein gutes Argument handelt oder nicht. In einer konkreten Situation kann die Prämisse zusammen mit weiteren einen guten Grund für die Konklusion liefern, d. h., es wahrscheinlich machen, dass die Konklusion wahr ist. Dann würde es sich um ein starkes Argument handeln.

In Argument (3) wird ein schlechter Grund gegeben. Da sehr viele Menschen blaue Jeans tragen, können wir nicht darauf schließen, dass diese eine Person mit blauen Jeans der Täter ist. Außerdem folgt daraus, dass die Person dieselbe Art von Hose wie der Täter trägt, keineswegs, dass sie der Täter ist. Wer so denkt, begeht einen Denkfehler. Die blauen Jeans können unabhängig von weiteren Informationen lediglich als schwaches Indiz dafür gelten, dass die Person Täter sein könnte.

In Argument (4) wird ein Grund geliefert, der in der Regel ein guter Grund ist. Wenn es so ist, dass unsere Freundin uns bisher immer die Wahrheit gesagt hat, dann können wir davon ausgehen, dass sie es auch jetzt tut, solange nichts gegen diese Annahme spricht. Wie in Argument (1) ist es aber auch hier so, dass es durchaus Situationen geben kann, in denen hier kein starker Grund gegeben wird, etwa dann nicht, wenn wir einen guten Grund für die Annahme haben, dass die Freundin nicht die Wahrheit sagt.

Argument (5) unterscheidet sich von den bisherigen Beispielen. In diesem Argument gilt: Wenn die Prämissen wahr sind, dann ist auch die Konklusion wahr. Wenn es stimmt, dass Antonio nicht zugleich gestern Abend auf der Party und in Paris sein kann, und es stimmt, dass Antonio gestern auf der Party war, dann ist es ausgeschlossen, dass

Antonio gestern in Paris war. In diesem Fall können wir sagen, dass die Konklusion in einem strengen Sinn aus den Prämissen folgt. Oder anders ausgedrückt: Wenn die Prämissen wahr sind, dann ist auch die Konklusion wahr. Ein solches Argument nennt man »deduktiv gültig« (von lat. *deducere* ›herunterführen, ableiten‹). Im Unterschied dazu ist zum Beispiel das Argument (3) kein deduktiv gültiges Argument. Denn hier folgt die Konklusion nicht logisch aus den Prämissen. Daraus, dass die Person die gleiche Art von Hose trägt wie der Täter, folgt nicht, dass die Person der Täter ist.

In Argument (6) fällt das Wort »sollen« auf. Solche Aussagen, die ein »sollen« enthalten, beschreiben nicht eine Tatsache, die unabhängig von menschlichen Bewertungen ist. Solche Aussagen können aber insofern als Aussagen verstanden werden, als durch sie ausgedrückt wird, dass ein bestimmtes Gebot besteht. In diesem Beispiel handelt es sich um ein moralisches Gebot. In der ersten Prämisse wird das Bestehen einer moralischen Norm behauptet. Die zweite Prämisse nennt einen bestimmten Fall, der unter diese Norm fällt. Daraus wird geschlossen, dass bezogen auf diesen Fall dieses Gebot besteht. Es handelt sich hier also ähnlich wie in Beispiel (5) ebenfalls um ein deduktiv gültiges Argument: Wenn die Prämissen wahr sind, dann ist auch die Konklusion wahr.

Nun werden Sie vielleicht einwenden, dass die Aussagen in Argument (6) nicht wahr sind. Gegen die erste Prämisse könnte man einwenden, dass eine solche moralische Norm nicht besteht. Man könnte zugeben, dass es moralisch *schlecht* ist, unnötiges Leid herbeizuführen. Doch es ist nicht so, dass wir dazu *verpflichtet* sind, kein unnötiges

Leid herbeizuführen. Denn eine solche Pflicht würde viel zu weit reichen. Die Konklusion könnte demnach lediglich lauten, dass es moralisch schlecht, nicht aber, dass es moralisch verboten ist, Fleisch zu essen. Gegen die zweite Prämisse könnte man einwenden, dass das Essen von Fleisch gar kein unnötiges Leid herbeiführt, etwa dann, wenn die Tiere ein artgerechtes Leben führen und schmerzlos getötet werden. Doch wie auch immer man dazu steht, ob die Prämissen wahr sind oder nicht: Es betrifft eben genau nur das: die Wahrheit der Prämissen, nicht aber die deduktive Gültigkeit des Arguments. Die Gültigkeit bleibt bestehen, auch wenn eine oder mehrere der Prämissen tatsächlich falsch sind.

Dieses Beispiel zeigt, dass die deduktive Gültigkeit nur ein Aspekt für die Beurteilung der Güte eines Arguments ist. Wenn die Prämissen falsch sind, dann würden wir ein Argument nicht als gut bezeichnen. Doch in einer Hinsicht ist das Argument gut, nämlich hinsichtlich des Übergangs. Was auch immer man bemängeln könnte: Man kann in einem deduktiv gültigen Argument nicht behaupten, dass die Konklusion falsch ist, wenn die Prämissen wahr sind.

Nun sind wir aber an Argumenten interessiert, die sich auf wahre Prämissen stützen. Deduktiv gültige Argumente, die nur wahre Prämissen enthalten, werden als »stichhaltige« Argumente bezeichnet.

Wie können wir den Denkfehler in Beispiel (3) beschreiben? Ein ungültiges Argument wäre: Die Konklusion folgt nicht aus den Prämissen. Nun ist dies aber auch in den Beispielen (1), (2) und (4) der Fall, und es schiene seltsam, von diesen Argumenten zu sagen, dass sie ungültig seien. In der Regel werden sie nämlich gar nicht mit dem Anspruch verwendet, deduktiv gültig zu sein, sondern lediglich dazu, einen Grund für die Konklusion zu liefern. Genau genommen sind diese Argumente natürlich ebenfalls ungültig. Doch es nützt der Sache nichts, ihnen dies vorzuwerfen, wenn sie gar nicht mit der Absicht eingesetzt werden, gültig zu sein.

Wir können also unterscheiden zwischen einerseits Argumenten, mit denen der Anspruch erhoben wird, deduktiv gültig zu sein. Dies sind die deduktiven Argumente. Wenn sie tatsächlich gültig sind, dann sind sie deduktiv korrekt. Sind sie es nicht, dann sind sie deduktiv ungültig.

Sodann gibt es andererseits jene Argumente, die gar nicht den Anspruch erheben, gültig zu sein. Dies sind die nicht-deduktiven Argumente. Manchmal nennt man sie auch »induktive« Argumente, und zwar in einem weiten Sinn von »induktiv«. Die nicht-deduktiven Argumente können stark oder schwach sein, je nachdem, ob sie gute Gründe für die Konklusion liefern oder nicht, oder anders ausgedrückt: ob sie diese wahrscheinlich machen oder nicht. Man spricht dann davon, dass das Argument ein nicht-deduktiv starkes (bzw. schwaches) Argument sei. Die Stärke ist im Unterschied zur Gültigkeit eine Sache des Grades. Ein deduktives Argument ist entweder gültig oder ungültig, eine andere Möglichkeit besteht nicht. Ein nicht-deduktives Argument kann mehr oder weniger stark sein.

Deduktive und nicht-deduktive Argumente unterscheiden sich voneinander in weiteren Hinsichten. Ein Unterschied betrifft das Verhältnis zu zusätzlichen Prämissen. Die deduktive Gültigkeit ist unabhängig von zusätzlichen Prämissen. Eine neue Information ändert nichts daran, dass ein Argument gültig ist. Im Unterschied dazu ist die nicht-deduktive Stärke abhängig von zusätzlichen Prämissen. Eine neue Information kann ein zunächst starkes Argument zu einem schwachen und umgekehrt ein schwaches zu einem starken Argument machen. Das Argument (2) ist ein schwaches Argument, das allerdings zu einem starken Argument wird, wenn etwa weitere Prämissen hinzukommen wie »Es blitzt und donnert« oder »Das Barometer zeigt fallenden Luftdruck an«. Das Argument (4) ist ein starkes Argument, das zu einem schwachen wird, wenn wir die zusätzliche Prämisse einfügen, dass es aus irgendeinem Grund wahrscheinlich ist, dass die Freundin uns in die Irre führen will. Man sagt deshalb, dass das Schließen mit nicht-deduktiven Argumenten *nicht-monoton* ist.

Ein weiterer Unterschied besteht im Informationsgehalt. In einem deduktiven Argument ist der Informationsgehalt der Konklusion vollständig in den Prämissen enthalten. Es kann keine Information in der Konklusion enthalten sein, die nicht bereits in den Prämissen vorhanden ist. Im Unterschied dazu wird in einem nicht-deduktiven Argument in der Konklusion mehr gesagt, als in den Prämissen ausgesagt wird. Man nennt die Argumente deshalb auch *erweiternd* oder *ampliativ*.

Man kann ein Argument explizit als deduktives oder nicht-deduktives kennzeichnen, indem man den Übergang von Prämissen zu Konklusion genau beschreibt. Deduktiv ist das Argument, wenn wir an der Gelenkstelle zwischen Prämissen und Konklusion sagen: »Daraus folgt logisch, dass ...« oder »Daraus folgt zwingend, dass ...«. Nicht-deduktiv ist das Argument, wenn wir sagen: »Also ist es wahrscheinlich, dass ...«. Zum Beispiel:

1. Am Himmel sind graue Wolken zu sehen.
Also ist Folgendes wahrscheinlich:
2. Es wird bald regnen.

Die Verbindung zwischen Prämissen und Konklusion kann man als Wenn-dann-Satz formulieren: Wenn am Himmel graue Wolken zu sehen sind, dann wird es wahrscheinlich regnen. Nun kann man aber genau eine solche Wenn-dann-Aussage als Prämisse verwenden und folgendes Argument aufstellen:

1. Am Himmel sind graue Wolken zu sehen.
2. Wenn am Himmel graue Wolken zu sehen sind, dann wird es wahrscheinlich regnen.
Daraus folgt zwingend:
3. Es wird wahrscheinlich regnen.

Hier haben wir es mit einem deduktiven Argument zu tun. Oder anders ausgedrückt: Aus dem nicht-deduktiven Argument wurde durch Umformulierung ein deduktives Argument geschaffen. Die Aussage über Wahrscheinlichkeit, die zuvor den Übergang zwischen Prämissen und Konklusion beschrieb, ist nun zum einen in eine Prämisse und zum anderen in die Konklusion integriert worden. Auf diese Art kann man jedes nicht-deduktive Argument zu einem deduktiven umformulieren. Damit verschiebt sich aber die Frage danach, wie gut das Argument insgesamt sei, auf die Frage, ob die betreffende Prämisse wahr sei. Da wir zwischen nicht-deduktiv starken und schwachen Argumenten unterscheiden wollen, ist es sinnvoll, Argumente in ihrer nicht-deduktiven Form zu belassen.

Zusammengefasst: Wollen wir die Güte eines Arguments beurteilen, so können wir wie folgt vorgehen:[57]

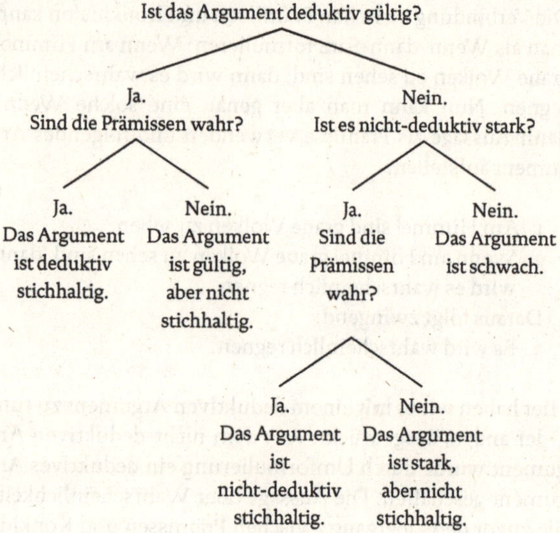

Betrachten Sie nun das folgende Argument und überlegen Sie, ob es deduktiv gültig ist:

1. Alle Rosen haben Blätter.
2. Alle Blumen haben Blätter.

Also:

3. Alle Rosen sind Blumen.

Ist es deduktiv gültig? Wenn Sie diese Frage mit Ja beantworten, dann könnte es sein, dass Sie sich unbewusst davon haben leiten lassen, dass die Konklusion wahr ist. Dieses Beispiel wird von Stanovich verwendet, um die Verzerrung zu messen, die sich daraus ergibt, dass wir den einfachsten Hinweis verwenden, in diesem Fall die Tatsache, dass die Konklusion wahr ist. Wir müssen diesen Impuls unterdrücken und stattdessen uns darauf konzentrieren, das Argument auf seine Gültigkeit hin zu prüfen.[58] Bei diesem Beispiel kommt hinzu, dass auch die Prämissen beide wahr sind. Dennoch ist das Argument nicht gültig, denn die Konklusion folgt nicht aus den Prämissen. Man kann sich dies vor Augen führen, indem man nur die Begriffe durch andere ersetzt, die Form der Aussagen und des Arguments also gleich bleibt, jedoch von wahren Prämissen auf eine falsche Konklusion geschlossen wird,[59] wie zum Beispiel:

1. Alle Männer sind Menschen.
2. Alle Frauen sind Menschen.

Also:

3. Alle Männer sind Frauen.

Die Form ist dieselbe, die Prämissen sind wahr, die Konklusion ist falsch, und durch diese Umformulierung wird gezeigt, dass in einem Argument dieser Form aus wahren Prämissen nicht immer eine wahre Konklusion folgt: Also ist es deduktiv ungültig.

Betrachten Sie nun das folgende Argument und überlegen Sie, ob es deduktiv gültig ist:

1. Alle Katzen sind Säugetiere.
2. Alle Säugetiere haben zwei Beine.

Also:

3. Alle Katzen haben zwei Beine.

Ist dieses Argument deduktiv gültig? Wenn Sie die Frage mit Nein beantworten, dann haben Sie vielleicht ihre erste Reaktion nicht unterdrückt, die sich auf den einfachsten Hinweis stützt, nämlich die Falschheit der Konklusion. Das Argument ist gültig, denn die Konklusion ist wahr, wenn die Prämissen wahr sind. Für die Gültigkeit spielt es keine Rolle, ob die Prämissen tatsächlich wahr sind. Entscheidend ist einzig der Übergang zwischen den Prämissen und der Konklusion. Man kann sich dies in diesem Fall mit einem Mengendiagramm veranschaulichen.

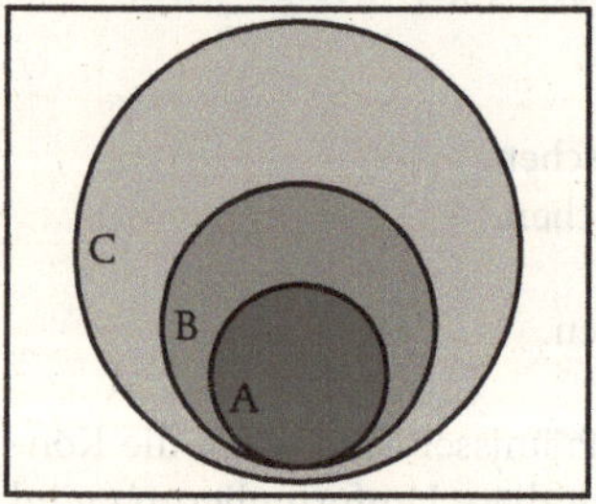

Alle A sind C, wenn alle A B und alle B C sind.

Was auch immer man für Begriffe für A, B und C einsetzt: Es wird immer so sein, dass es wahr ist, dass alle A C sind, wenn alle A B und alle B C sind. Und dies entspricht der Form des obigen Arguments.

***

1. *Prüfen Sie die folgenden Argumente gemäß dem oben genannten Vorgehen.*
   a) *Aristoteles hat die erste formale Logik entwickelt. Aristoteles lebte im 4. Jahrhundert v. Chr. Also wurde die erste formale Logik im 4. Jahrhundert v. Chr. entwickelt.*
   b) *Wenn Hypatia eine angesehene antike Mathematikerin und Philosophin war, dann waren alle Frauen in der Antike angesehen. Nicht alle Frauen waren in der Antike angesehen. Also war Hypatia nicht eine angesehene antike Mathematikerin und Philosophin.*
   c) *Friedrich Hölderlin ist ein deutschsprachiger Schriftsteller. Robert Walser ist es auch. Thomas Bernhard ist es ebenfalls. Also sind alle deutschsprachigen Schriftsteller Männer.*
   d) *Zwischen sieben und acht Uhr herrscht auf den Straßen rund um Metropolen ein erhöhtes Verkehrsaufkommen. Köln ist eine Metropole. Also werde ich wahrscheinlich mit dem Auto mehr Zeit als üblich benötigen, wenn ich um acht Uhr ins Zentrum von Köln fahre.*
   e) *Alle Menschen sind sterblich. Alle Menschen fürchten den Tod. Daraus folgt: Wer sterblich ist, fürchtet den Tod.*
2. *Gehört Person A einer religiösen Gemeinschaft an oder nicht? Gegeben sind die beiden folgenden nicht-deduktiven Argumente.*
   (1) *Die meisten Menschen in Deutschland gehören einer religiösen Gemeinschaft an (etwa 63 Prozent). Person*

A wohnt in Deutschland. Also gehört sie wahrscheinlich einer religiösen Gemeinschaft an.

(2) *Die meisten Menschen im Bundesland Brandenburg gehören keiner religiösen Gemeinschaft an (etwa 80 Prozent). Person A wohnt im Bundesland Brandenburg. Also gehört sie wahrscheinlich keiner religiösen Gemeinschaft an.*

a) *Sind dies nicht-deduktive starke Argumente?*

b) *Können sie beide nicht-deduktiv stichhaltig sein?*

c) *Was können wir aufgrund der beiden Argumente vernünftigerweise bezüglich der Konfession der Person A glauben?*

3. *Wählen Sie ein in der Öffentlichkeit kontrovers behandeltes Thema, zum Beispiel Drogen, Schwangerschaftsabbruch oder Sterbehilfe. Stellen Sie eine konkrete Frage, die man mit Ja oder Nein beantworten kann. Zum Beispiel: »Soll man den Verkauf und Kauf von Cannabis legalisieren?« Überlegen Sie, welche Position Ihnen intuitiv näherliegt, Ja oder Nein. Suchen Sie dann nach Argumenten für und gegen die beiden Antworten. Fällt es Ihnen leichter, Argumente zu finden, die Ihre Position stützen, als solche, die die Gegenposition stützen? Und fällt es Ihnen leichter, Argumente gegen die Gegenposition zu finden als gegen Ihre Position? Wenn ja: Was könnte der Grund dafür sein?*

14. Argumentationen

Im vorherigen Kapitel wurden einzelne Argumente untersucht. In der Praxis werden im Alltag und in der Wissenschaft jedoch meistens mehrere, miteinander zusammenhängende Argumente verwendet. Zusammenhängende Argumente können als Argumentation bezeichnet werden. Während für ein einzelnes Argument eine lineare Darstellung gut geeignet ist, bietet sie für komplexe Argumentationen zu wenig Übersicht. In diesem Kapitel werden drei Möglichkeiten der Darstellung von Argumentationen vorgestellt.

Pfeile zur Darstellung der Stützrelation

Eine erste Möglichkeit besteht darin, die Innenstruktur von Argumenten mitzuberücksichtigen und dazu einfache Pfeile zu verwenden.[60] Diese Pfeile bedeuten die Stützbeziehung von Prämissen zu Konklusion. Mit Hilfe der Pfeile können wir den Unterschied zwischen den folgenden zwei Fällen deutlich machen:

a) Zwei Prämissen stützen zusammen die Konklusion, bilden also zusammen ein Argument, und
b) zwei Prämissen stützen unabhängig voneinander die Konklusion, bilden also zwei verschiedene Argumente.

Dies kann so aussehen:

a) Wenn es regnet, dann ist die Straße nass. (P1) Es regnet (P2)

↓

Die Straße ist nass. (K)

b) Es regnet. (P1) Es ist kalt. (P2)

↘ ↙

Ich sollte eine Jacke anziehen. (K)

Auch die Stützung von Prämissen, also die Verkettung von Argumenten, kann so dargestellt werden. Wir führen dazu einfach einen Pfeil ein, der von einer weiteren Prämisse zu der zu stützenden Aussage führt, die dann also die Konklusion dieses Arguments darstellt und zugleich eine Prämisse des ersten Arguments ist.

Es regnet. (P1)
Wenn es regnet, dann ist der Spielplatz unbespielbar (P2)

↓

Der Spielplatz ist unbespielbar. (K1/P3) Wenn der Spielplatz unbespielbar ist, findet das Spiel nicht statt. (P4)

↓

Das Spiel findet nicht statt. (K2)

Diese Darstellungsweise ist vor allem dann sinnvoll, wenn man eine Argumentation rekonstruiert und sich deren Struktur möglichst genau erarbeiten möchte. Es ist ein hilfreiches und sehr einfach anzuwendendes Hilfsmittel. Die wiederholte Anwendung der Methode der Darstellung mit Pfeilen verbessert nachweislich die eigene Argumentationsfähigkeit.[61] Diese erste Darstellungsweise ist jedoch nicht ausreichend, wenn wir andere Beziehungen als die der Stützung darstellen wollen.

Freie Debattenkarte

Eine zweite Möglichkeit, eine Argumentation darzustellen, besteht genau darin, dass wir Pfeile für verschiedene Beziehungen zwischen Aussagen verwenden, also etwa für Stützung, Widerlegung, Relativierung, Kritik oder Bestätigung. Wichtig ist, dass man die Pfeile möglichst präzise beschriftet. Der Übersicht dienlich ist es zudem, die Sätze, die mit Pfeilen verbunden werden, in Kästchen zu setzen. Auf diese Weise entsteht ein mehr oder weniger komplexes Netz von Pfeilen und Kästchen. Diese Darstellungsweise eignet sich vor allem dazu, sich einen Überblick über komplexe Debatten zu verschaffen, wie sie etwa zu bestimmten politischen Fragen geführt werden.[62] Hier ein Beispiel einer solchen freien Debattenkarte.

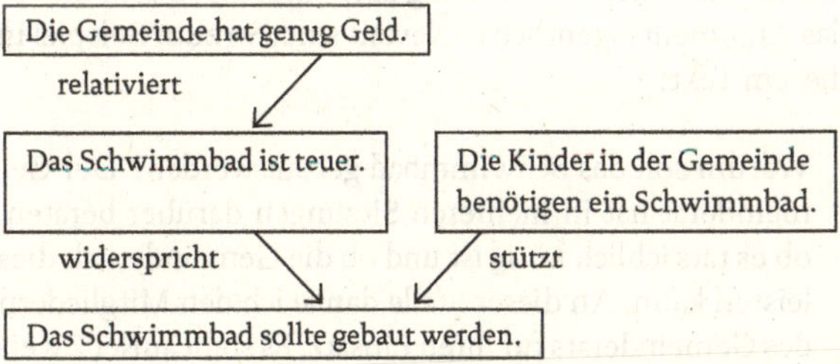

Argumentrekonstruktion

Die Darstellungsweise der freien Debattenkarte stellt einen wichtigen Schritt auf dem Weg zu einer vollständigen Argumentationsanalyse dar. Dazu gehört auch die genaue Rekonstruktion eines einzelnen Arguments. Die Rekonstruktion eines Arguments besteht darin, dass man ein bestehendes Argument vollständig darstellt, dass also in der Rekonstruktion alle und nur die nötigen Prämissen vorkommen. Vielfach verwenden wir im Alltag unvollständige Argumente. Zum Beispiel antwortet eine Person auf die Frage, warum sie eine Jacke anziehe: »Draußen regnet es.« Um ein vollständiges Argument zu erhalten, müssen hier Prämissen und die Konklusion ergänzt werden. Die Argumentrekonstruktion könnte so aussehen:

1. Draußen regnet es.
2. Wenn es draußen regnet, dann sollte ich eine Jacke anziehen.

Also:

3. Ich sollte eine Jacke anziehen.

Oftmals nennen wir im Alltag auch Informationen, die für das Argument eigentlich irrelevant sind. So zum Beispiel in diesem Text:

> Warum soll das Schwimmbad gebaut werden? Der Gemeinderat hat in mehreren Sitzungen darüber beraten, ob es tatsächlich nötig ist und ob die Gemeinde sich dies leisten kann. An dieser Stelle danke ich den Mitgliedern des Gemeinderats für ihren Einsatz. Es steht außer Zwei-

fel, dass die Kinder in unserer Gemeinde ein Schwimmbad benötigen. Zur Abschätzung der Kosten wurden Offerten von drei verschiedenen Firmen eingeholt. Der Gemeinderat hat sich für die mittlere Variante entschieden und die Bevölkerung über die Höhe der Kosten informiert. Es bestehen genügend Mittel in der Gemeindekasse zur Verfügung. Also sollten wir das Schwimmbad bauen.

Wenn man in diesem Text all jene Informationen weglässt, die zwar für die Adressaten durchaus von Interesse sein können, für das eigentliche Argument jedoch nicht relevant sind, so erhält man eine Rekonstruktion, die so aussehen könnte:

1. Wenn die Kinder in der Gemeinde ein Schwimmbad benötigen und die Gemeinde genügend Geld für ein Schwimmbad hat, soll sie ein Schwimmbad bauen.
2. Die Kinder in der Gemeinde benötigen ein Schwimmbad.
3. Die Gemeinde hat genügend Geld für ein Schwimmbad.

Also:

4. Die Gemeinde soll ein Schwimmbad bauen.

Der Versuch, ein Argument zu rekonstruieren, ist unter Umständen sehr anspruchsvoll, denn man muss dazu einerseits die Aussagen möglichst genau und zutreffend formulieren und andererseits die Struktur des Arguments präzise herausarbeiten, die ihrerseits sehr komplex sein kann. Vielleicht müssen sogar Mittel der formalen Logik herangezogen werden, um beurteilen zu können, ob das Argument gültig ist (auf formale Logik soll hier jedoch nicht weiter eingegangen werden). Grundsätzlich geht man am besten so vor, dass man mit der Konklusion beginnt: Wofür wird argumentiert? Sodann überlegt man, wie die Prämissen lauten. Mit welchen Aussagen wird die Konklusion begründet? Man formuliert die Prämissen möglichst präzise und prüft erstens die Vollständigkeit: Sind alle nötigen Prämissen vorhanden? Fehlende Prämissen sind zu ergänzen. Zweitens prüft man die Prämissen auf ihre Relevanz: Ist jede der Prämissen für die Stützung der Konklusion notwendig? Ist eine Prämisse nicht notwendig, so wird sie aus dem Argument gestrichen.

Jede Argumentrekonstruktion steht vor der Herausforderung, dass die Sätze, die jemand geäußert oder geschrieben hat, meistens nicht einfach so direkt und unverändert übernommen werden können, sondern mehr oder weniger umformuliert werden müssen. Die Umformulierung kann Kleinigkeiten betreffen, wie die, einen Nebensatz in einen Hauptsatz oder eine Frage in eine Aussage umzuformulieren. Es kann aber auch grundlegende Punkte betreffen, etwa wie man einen zentralen Begriff in einer Aussage genau interpretieren soll.

Bei einer solchen Interpretation ist das sogenannte Prinzip der wohlwollenden Interpretation (engl. *principle of charity*) zu beachten. Dieses Prinzip besagt, dass man als Leserin der Autorin (oder als Hörer dem Sprecher) möglichst wenig falsche Überzeugungen zuschreiben sollte. Wenn wir also eine Aussage hören, die uns falsch zu sein scheint, dann sollten wir nicht gleich darauf schließen, dass die Autorin falschliegt. Vielleicht hat sie etwas (ganz) anderes gemeint, und ist das, was sie meint, wahr? Wir sollten uns also zuerst die Frage stellen: Was hat die Autorin mit der Aussage gemeint? Wir sollten nach einer Interpretation der Aussage suchen, die die Aussage wahrmacht. Erst dann, wenn wir trotz aller Versuche wirklich keine wohlwollende Interpretation finden, sollten wir darauf schließen, dass der andere etwas Falsches glaubt. Selbstverständlich können wir diesen Interpretationsprozess in einem Gespräch zusammen mit dem anderen führen und ihm die Frage stellen: Was meinst du genau? Vielfach sind wir aber nicht im direkten Gespräch mit dem Autor und können ihm die Frage nicht stellen (etwa immer dann, wenn wir das Werk eines verstorbenen oder anders nicht mehr greifbaren Autors zu verstehen versuchen). Dann müssen wir versuchen, durch Nachdenken zu einer möglichst guten Antwort zu kommen.[63]

Streng geregelte Argumentkarte

Eine dritte Möglichkeit, eine Argumentation darzustellen, besteht in einer stark reglementierten Form. Gregor Betz schlägt vor, dass es nur genau zwei Arten von Kästchen gibt, nämlich T-Kästchen für Thesen und A-Kästchen für Argumente. Eine These besteht aus nur einer Aussage. In ein T-Kästchen gehört also kein Argument. Die Thesen sind möglichst präzise zu formulieren. Im Prinzip kann jede Aussage als These dargestellt werden. Für eine übersichtliche Argumentkarte ist es jedoch sinnvoll, nur die zentralen Thesen als solche darzustellen. Außerdem gibt es genau zwei Arten von Beziehungen, nämlich Stützungsbeziehungen und Angriffsbeziehungen. Die verschiedenen Beziehungen sind in der folgenden Tabelle dargestellt.[64]

	Stützungs-beziehung	*Angriffs-beziehung*
Von Argument A zu Argument B	Die Konklusion von A ist gleichbedeutend mit einer Prämisse von B	Die Konklusion von A widerspricht einer Prämisse von B
Von Argument A zu These T	Die Konklusion von A ist gleichbedeutend mit T	Die Konklusion von A widerspricht T
Von These T zu Argument A	T ist gleichbedeutend mit einer Prämisse von A	T widerspricht einer Prämisse von A
Von These T zu These U	T ist gleichbedeutend mit U	T widerspricht U

Die Darstellung einer komplexen Argumentation als derart reglementierte Argumentkarte ermöglicht einen Überblick über die tatsächlichen Begründungszusammenhänge. Eine solche Darstellung ist kein Selbstzweck, sondern fördert unter anderem die individuelle Meinungsbildung und die vernünftige Fortführung einer Diskussion.[65]

***

1. *Rekonstruieren Sie die folgenden Argumente.*
   a) *Kein nicht-menschliches Tier kann denken, also auch kein Schimpanse.*
   b) *Ich esse kein Fleisch, denn in der Massentierhaltung leiden die Tiere.*
   c) *Ich bin dafür, dass der Schwangerschaftsabbruch legal ist, denn jede Frau darf über ihren eigenen Körper bestimmen.*
2. *Rekonstruieren Sie jeweils das Argument aus den folgenden zwei Texten, die am 19. 6. 2007 in der Zeitung »Der Tagesspiegel« erschienen sind. Text a) ist von Wolfgang Prosinger geschrieben, Text b) von Sebastian Bickerich.*[66] *Achten Sie darauf, alle und nur die notwendigen Prämissen herauszuarbeiten.*
   a) *»Der Diskurs darüber ist alt, viele hundert Jahre. Die Frage ist also keine leichte Frage, und die forsch-liberale Antwort ›selbstverständlich‹ greift zu kurz. Sterbehilfe darf nicht leicht gemacht werden, weil sonst Dämme brechen können, weil sonst Missbrauch entsteht.*
   Aber möglich gemacht werden sollte sie dennoch. Aus Gründen der Menschlichkeit und der Barmherzigkeit. Es darf nicht sein, dass sich der Einsatz und das Plädoyer für das Leben zum Plädoyer für die Grausamkeit verkehrt: dass Qualen für Todkranke verlängert werden, dass Menschen gegen ihren Willen mit schmerzhaften lebensverlängernden Maßnahmen malträtiert werden, dass Körperverletzung geschieht unter dem Anschein der medizinischen Fürsorge. Leben um jeden Preis – das kann sehr hartherzig sein.«

b) *»Was die Selbstbestimmung des Menschen zu stärken scheint, kann ihn in Wahrheit erpressbar machen. Eine holländische Studie kam zum Ergebnis, dass es jährlich mehrere hundert Fälle gibt, in denen ›lebensbeendende Handlungen ohne ausdrücklichen Wunsch‹ des Getöteten vorgenommen worden sind. Kürzlich wurde ein Psychiater freigesprochen, der einer Frau, die verzweifelt, aber nicht krank war, beim Suizid geholfen hatte. Ein Kriminologe berichtete über den Fall eines Mannes, der seinen Arzt ›aus familiären Gründen‹ bat, ihn umzubringen. Der Arzt hatte keine Bedenken. Obwohl er wusste, dass die Frau den Kranken, weil sie ihn nicht mehr pflegen wollte, vor die Wahl gestellt hatte, entweder ins Pflegeheim zu gehen oder sich umbringen zu lassen.«*

3. *Versuchen Sie, eine Debatte, die sie mit anderen führen, als freie Debattenkarte darzustellen. Versuchen Sie anschließend, daraus eine streng geregelte Argumentkarte zu erstellen.*
(Falls Ihnen kein Thema einfällt, könnten Sie darüber diskutieren, ob Sterbehilfe in Deutschland legalisiert werden soll. Sie können dabei auf der Grundlage Ihres Hintergrundwissens Argumente dafür entwickeln oder auf die Texte zurückgreifen, aus denen in der vorigen Aufgabe zitiert wurde (s. Anm. 66), oder auch im Internet nach weiteren Texten suchen.

15. Schluss auf die beste Erklärung

Eine der im Alltag und in der Wissenschaft wohl wichtigsten nicht-deduktiven Argumentformen ist der sogenannte Schluss auf die beste Erklärung. Wir verwenden ihn täglich: Eine Person runzelt die Stirn, also wird sie mich nicht verstanden haben; die Blätter sind welk, also hat die Pflanze zu wenig Wasser; es ist bereits später als die angekündigte Abfahrtszeit des Zugs und am Bahnsteig stehen keine Leute, also wird der Zug schon abgefahren sein; er trägt einen Verband um den Arm, also wird er einen Unfall gehabt haben; in diesem Restaurant speisen viele Leute, also muss das Essen hier gut sein. Die wenigen Beispiele zeigen, dass wir den Schluss auf die beste Erklärung häufig und insbesondere für das Erklären des Verhaltens anderer Menschen im Alltag verwenden. Wir verwenden ihn auch für die Erklärung anderer Prozesse in der Umwelt, ebenso wie etwa in der medizinischen Diagnostik oder der wissenschaftlichen Forschung.

Im Alltag schließen wir oftmals darauf, dass die erste Erklärung, die uns in den Sinn kommt, die richtige ist. In vielen Fällen stimmt das auch. Manchmal ist es aber gerade falsch. Das ist nicht weiter erstaunlich, denn der Schluss auf die beste Erklärung ist ein nicht-deduktives Argument. In einigen Fällen sind wir uns außerdem durchaus bewusst, dass es mehrere alternative Erklärungen gibt. Zum Beispiel denken wir vielleicht, dass die Person auch deshalb die Stirn gerunzelt haben könnte, weil sie nicht mit uns einverstanden ist. Oder wir denken, dass es ja noch ganz andere Ursachen haben könnte: Vielleicht ist der Person etwas Unangenehmes in den Sinn gekommen, das gar nichts mit der Situation zu tun hat? Oder sie leidet an einer psychischen Störung, die in regelmäßigen Abständen ein Stirnrunzeln hervorruft? Diese eher unwahrscheinlichen Hypothesen kommen uns allerdings in der Regel erst dann in den Sinn, wenn uns eine naheliegende Erklärung nicht überzeugt oder sich als falsch erweist. Wenn wir aber mehrere Hypothesen vor Augen haben, die alle mehr oder weniger wahrscheinlich sind, dann überlegen wir uns, welche der Hypothesen aufgrund unseres Hintergrundwissens die beste Erklärung für das Ereignis liefert. Aus der Tatsache, dass eine Hypothese die beste Erklärung liefert, schließen wir darauf, dass diese Hypothese auch die richtige Erklärung ist. Die Konklusion folgt nicht logisch aus den Prämissen. Die Prämissen liefern jedoch einen guten Grund für die Konklusion. Man kann für das Beispiel des Stirnrunzelns das Argument wie folgt darstellen:

1. Anne hat die Stirn gerunzelt.
2. Dass Anne die Stirn gerunzelt hat, kann man mit der Hypothese erklären, dass sie mich nicht verstanden hat.
3. Die Hypothese, dass sie mich nicht verstanden hat, liefert eine bessere Erklärung als alle anderen Hypothesen (etwa der Hypothese, dass sie nicht mit mir einverstanden ist, oder dass ihr gerade etwas Unangenehmes in den Sinn gekommen ist).

Also:

4. Anne hat mich nicht verstanden.

Die allgemeine Form des Arguments kann man wie folgt darstellen:[67]

1. Ein bestimmtes Ereignis E hat stattgefunden.
2. Die Hypothese H (zusammen mit weiteren Annahmen und Prinzipien) liefert eine gute Erklärung für das Stattfinden von Ereignis E.
3. Die Hypothese H (zusammen mit weiteren Annahmen und Prinzipien) ist im Vergleich zu allen anderen Hypothesen die beste Erklärung für das Stattfinden von Ereignis E.

Also:

4. Hypothese H ist wahr.

Wie kann man nun entscheiden, welche Erklärung für das Ereignis die beste ist? Auf diese Frage gibt es leider keine einfache Antwort. Wir können aber Adäquatheitskriterien aufstellen, die eine gute Erklärung zu erfüllen hat.

Erstens: Eine gute Erklärung muss das Ereignis tatsächlich erklären. Dass Anne ein Ei zum Frühstück gegessen hat, eine Jeans trägt und heute Abend Joggen geht, mögen alles Tatsachen sein, doch liefern sie keine Erklärung für das Stirnrunzeln. Zudem sollte die Erklärung nicht im Widerspruch zu anderen Ereignissen stehen. Würden wir die Tatsache, dass nur so wenige Menschen am Bahnsteig stehen, damit erklären, dass sie durch ein gewaltiges Erdbeben getötet wurden, so wäre damit völlig unerklärlich, weshalb alle umliegenden Gebäude nicht auch zerstört wurden.

Zweitens: Eine gute Erklärung sollte möglichst viel Erklärungskraft besitzen. Sie sollte also nicht nur ein einzelnes Ereignis, sondern möglichst viele Ereignisse erklären. Vereinfacht können wir sagen: Je mehr Ereignisse eine Hypothese erklären kann, desto mehr Erklärungskraft besitzt sie. Zum Beispiel erhöht sich die Erklärungskraft der Hypothese, dass die welke Pflanze in meinem Zimmer zu wenig Wasser hat, dadurch, dass auch die welken Pflanzen in anderen Zimmern zu wenig Wasser haben – oder wenn man mit der Erklärung auch noch zeigen könnte, weshalb die Pflanze in meinem Zimmer keine neuen Blüten hat wachsen lassen. Eine Ad-hoc-Hypothese, die nur dazu eingeführt wird, um diese eine Tatsache zu erklären, ohne dass es dafür einen davon unabhängigen Grund gibt, hat vergleichsweise wenig oder gar keine Erklärungskraft (s. Kap. 5: Kreationismus, S. 66.

Drittens: Eine gute Erklärung sollte möglichst wenige Annahmen machen. Diese Forderung entspricht dem von Wilhelm von Ockham formulierten Prinzip der Bescheidenheit, dass man Entitäten nicht über das notwendige Maß hinaus vermehren soll (»Ockhams Rasiermesser«, s. S. 70). Würden wir die Tatsache, dass am Bahnsteig so wenige Leute stehen, mit einem Erdbeben erklären, so müssten wir dazu diese zusätzliche Annahme machen, dass ein Erdbeben stattgefunden hat, im Vergleich zu der Hypothese, dass die Leute in den abgefahrenen Zug bereits eingestiegen sind. Nun könnte man aber einwenden, dass eine zusätzliche Annahme für die Erklärung eines Ereignisses durchaus notwendig sein kann. Wenn die Annahme also notwendig ist, dann kann und soll sie auch gemacht werden. Das Prinzip besagt nämlich nicht, dass wir eine Erklärung vorziehen sollten, die zwar weniger Annahmen macht, aber auch weniger erklären kann als eine andere. Gesetzt den Fall, dass jedoch zwei Erklärungen ansonsten gleich gut sind, wäre diejenige vorzuziehen, die weniger Annahmen macht.

Viertens: Eine gute Erklärung sollte möglichst einfach sein, also aus möglichst einfachen Begriffen bestehen und zu möglichst einfachen allgemeinen Aussagen führen. Eine komplexe Aussage kann jedoch auch eine sehr große Erklärungskraft haben. Das Kriterium der Einfachheit kommt also erst nach der Anwendung der ersten drei Kriterien zum Zuge: Gesetzt den Fall, dass zwei Hypothesen die gleiche Erklärungskraft und gleich wenig Annahmen machen, so ist diejenige vorzuziehen, die einfacher ist.

Fünftens: Eine gute Erklärung sollte konservativ in Bezug auf unsere Überzeugungen sein, d. h., sie soll möglichst wenige Änderungen in unseren Überzeugungen hervorrufen. Denn wir gehen davon aus, dass unsere Überzeugungen mehrheitlich wahr sind. Es muss somit einen guten Grund geben, eine unserer Überzeugungen aufzugeben. Einen solchen guten Grund kann die Erklärung selbst liefern. Doch wenn es zwei miteinander konkurrierende Erklärungen gibt, die aufgrund der bisher genannten Kriterien gleich gut sind, so ist diejenige vorzuziehen, die keine oder möglichst wenige Änderungen in unserem bisherigen Netz von Überzeugungen nötig macht.

Die fünf genannten Punkte bilden zusammengefasst eine Liste von Adäquatheitskriterien:

1. Erklärung: Die Hypothese erklärt die Tatsache.
2. Fruchtbarkeit/Erklärungskraft: Die Hypothese gestattet die Formulierung möglichst vieler allgemeiner Aussagen, sie erklärt also möglichst viele Tatsachen.
3. Bescheidenheit: Die Hypothese macht möglichst wenige Annahmen (»Ockhams Rasiermesser«).
4. Einfachheit: Die Hypothese besteht aus möglichst einfa-

chen Begriffen und führt zu möglichst einfachen allgemeinen Aussagen.

5. Konservativität: Die Hypothese macht möglichst wenige Änderungen in unserem Überzeugungssystem nötig.[68]

***

1. *Beurteilen Sie für das zu erklärende Ereignis die folgenden Hypothesen mit Hilfe Ihres Allgemeinwissens und der fünf Adäquatheitskriterien für Erklärungen. Welche der Hypothesen liefert die beste Erklärung?*
   1.1. *In einem Landkreis steigt in einem Jahr die Anzahl an Geburten stark an.*
      a) *Die Frauen mit Kinderwunsch haben gebetet.*
      b) *Die Sternenkonstellation in dem Jahr war für Geburten günstig.*
      c) *Die Anzahl der Frauen im gebärfähigen Alter erhöhte sich in dem Jahr davor durch eine neue Siedlung.*

   1.2. *In einem Landkreis steigt in einem Jahr die Anzahl der Grippefälle stark an, während die Anzahl an anderen Krankheitsfällen gleich bleibt.*
      a) *Ein neues Grippevirus ist im Umlauf.*
      b) *Viele der Bewohner haben es versäumt, mit einer positiven Lebenseinstellung ihr Immunsystem zu stärken.*
      c) *Viele der Bewohner nehmen keine Vitamin D-Ergänzungsmittel zu sich.*

   1.3. *In der Geschichte der Menschheit kommt es immer wieder zu bewaffneten Konflikten zwischen Menschengruppen.*

a) *Menschen haben einen natürlichen Aggressionstrieb.*
b) *Eine Gruppe will ihre Macht vergrößern, sei es, weil sie von der anderen unterdrückt wird, sei es, weil sie die andere Gruppe unterdrücken will.*
c) *Die Gruppen werden von Menschen angeführt, die alles zerstören wollen.*

2. *Formulieren Sie für jedes der folgenden Phänomene verschiedene Hypothesen zur Erklärung und prüfen Sie mit Hilfe der Adäquatheitskriterien, welche der Hypothesen gut sind und welche davon die beste ist.*

2.1. *Sie kommen nach Hause, stehen vor der Eingangstüre und stellen fest, dass Sie mit Ihrem Schlüssel das Schloss nicht öffnen können.*

2.2. *Im Garten Ihres Nachbarn wurde der Abdruck von einem Fuß gefunden, der 1 Meter lang und 40 cm breit ist.*

2.3. *Ihre Tante erzählt Ihnen, dass ihr Kopf gestern geschmerzt hat. Sie habe eine hohe Dosis an Vitamin C zu sich genommen, und danach seien die Kopfschmerzen verflogen.*

2.4. *In den letzten Jahren waren die Abiturnoten von Frauen deutlich höher als die von Männern.*

16. Kausaler Schluss

Viele unserer Erklärungen sind kausal, d. h. wir geben damit eine Ursache für ein Ereignis an, etwa dann, wenn wir sagen, dass die Straße nass ist, weil es geregnet hat, oder dass unsere Kopfschmerzen aufgehört haben, weil wir ein Schmerzmittel zu uns genommen haben. Woher wissen wir jedoch, ob das, was wir für die Ursache halten, tatsächlich die Ursache ist? Und gesetzt den Fall, dass wir die Ursache nicht kennen: Wie können wir herausfinden, was genau die Ursache ist?

Den Schluss von Beobachtungen auf eine Ursache nennt man einen kausalen Schluss. Ein naheliegender Grund, einen solchen Schluss zu ziehen, scheint die zeitliche Abfolge zu sein. Wir sehen, dass es regnet. Im Anschluss schauen wir auf den Boden und stellen fest, dass dieser nass geworden ist. Daraus schließen wir, dass der Regen die Ursache des nassen Bodens ist. Was könnte es auch anderes sein? Nicht immer ist die Sache jedoch so eindeutig. Nehmen wir an, dass ich mich schlecht fühle. Ich nehme ein Vitaminpräparat, und im Anschluss geht es mir besser. Nun schließe ich aus dieser Abfolge, das Vitaminpräparat sei die Ursache dafür, dass ich mich wieder besser fühle. Tatsächlich ist die Ursache eine andere, vielleicht die, dass ich an der frischen Luft war. Der Fehlschluss besteht darin, aus der zeitlichen Abfolge von Ereignissen auf einen Ursache-Wirkungs-Zusammenhang zu schließen. Man nennt diesen Fehlschluss auch »post hoc ergo propter hoc« (lat. für ›danach, also deswegen‹).

Nun werden Sie vielleicht einwenden: Aus einem einzelnen Fall kann man nicht verallgemeinern. Was würden

Sie jedoch sagen, wenn wir zehn, zwanzig, hundert Male bei einem Schwächegefühl ein Vitaminpräparat eingenommen haben, und dies Gefühl danach jeweils verschwand? Nun, es mag ein guter Hinweis sein, dass das Vitaminpräparat die Ursache ist, doch das Vitaminpräparat muss nicht die Ursache sein, denn es könnte nach wie vor die frische Luft sein. Vielleicht sind wir zufälligerweise jedes Mal nach dem Einnehmen des Vitaminpräparats aufgestanden und hinausgegangen? Es könnte sich also um ein nur zufällig gemeinsames Auftreten der beiden Ereignisse »Einnahme des Vitaminpräparats« und »Aufhören des Schwächegefühls« handeln. Wir können also nicht sicher sein, dass etwas die Ursache ist, nur deshalb, weil es oft oder auch sehr oft zeitgleich mit dem zu erklärenden Ereignis aufgetreten ist.

Dass die beiden Ereignisse zeitgleich auftreten, kann rein zufällig sein. Es kann aber auch eine Erklärung für deren gemeinsames Auftreten geben. Angenommen, Sie untersuchen zwanzig Kinder unterschiedlichen Alters. Sie stellen fest, dass Kinder mit einer Schuhgröße kleiner als 31 nicht und dass Kinder mit einer Schuhgröße von mindestens 31 schreiben können. Daraus schließen sie, dass die Schuhgröße die Ursache für die Schreibfähigkeit ist. Das ist natürlich falsch! Die Erklärung für das gemeinsame Auftreten der beiden Ereignisse liegt eher darin, dass sie beide auf eine gemeinsame Ursache zurückzuführen sind, nämlich das Alter. Das höhere Alter ist vermutlich sowohl die Ursache dafür, dass die Kinder größere Schuhe tragen als auch dafür, dass sie in einer höheren Schulklasse sind und somit vermutlich bereits früher schreiben gelernt haben.

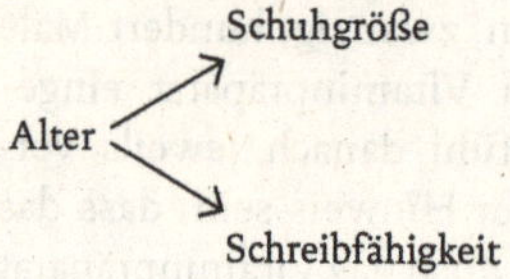

Es könnte zwar auch eine Kausalbeziehung zwischen den zwei Ereignissen bestehen, doch in anderer Richtung, als man dachte. Basketballspielerinnen sind im Durchschnitt deutlich größer als der Durchschnitt der Frauen. Nun könnte man denken, dass die Ursache für ihre Körpergröße darin zu sehen ist, dass sie Basketball spielen, denn sie müssen beim Spiel immer wieder springen und sich strecken. Doch die Kausalbeziehung ist natürlich genau umgekehrt: Weil sie vergleichsweise groß sind, haben sie einen Vorteil im Basketball und betreiben diese Sportart deshalb vielleicht besonders gern oder wurden früh gefragt, diesen Sport auszuüben.

Immer dann, wenn wir eine Korrelation zwischen zwei Ereignissen A und B feststellen, müssen wir uns überlegen, welche der folgenden vier Möglichkeiten zutrifft:

(1) A verursacht B,
(2) B verursacht A,
(3) es gibt eine gemeinsame Ursache für A und B, oder
(4) die Korrelation ist zufällig.

Wir behaupten im Alltag nur selten explizit, dass etwas die Ursache oder die Wirkung von etwas sei. Offenbar müssen wir uns nur selten über solches verständigen, was eine Ursache ist und wie man mit möglichst großer Sicherheit weiß, was diese Ursache ist – Fragen, die sich Philosophinnen und Philosophen stellen. Doch auch wenn wir nicht explizit die Begriffe »Ursache« und »Wirkung« verwenden, stellen wir dennoch oft täglich kausale Zusammenhänge her (wie die Beispiele der Erklärungen zu Beginn des vorigen Kapitels zeigen). Dabei gehen wir davon aus, dass es für jedes Ereignis eine hinreichende Bedingung, einen hinreichenden Grund gibt. Zwar mögen wir die Ursache nicht kennen, es ist für uns jedoch undenkbar, dass es für ein Ereignis überhaupt keine hinreichende Bedingung gibt. Wie würden wir reagieren, wenn uns jemand erklärte, der Kölner Dom sei eingestürzt, gleichzeitig aber behauptete, es gebe keine Ursache für diese Katastrophe? Mit seiner Behauptung könnte er wohl, so würden wir annehmen, nur meinen, dass wir die Ursache noch nicht kennen oder nie kennen werden, nicht aber, dass es überhaupt gar keine Ursache gab.

Können wir wissen, was der hinreichende Grund für ein Ereignis ist? Wenn wir kausale Zusammenhänge herstellen, so scheinen wir den hinreichenden Grund anzugeben. Wir sagen zum Beispiel: »Das Licht ist an, weil der Schalter gedrückt wurde«. Wir könnten diesen Satz umformulieren in: »Die Ursache dafür, dass das Licht anging, ist, dass der Schalter gedrückt wurde«. Doch dieser Satz ist nicht gleichbedeutend mit dem Satz: »Wenn der Schalter gedrückt wird, geht das Licht an«. Dieser letzte Satz ist streng genommen falsch, denn es könnte auch sein, dass die Glühbirne defekt, die Leitung unterbrochen oder kein Strom im Netz ist. Wir geben also mit der Äußerung, dass das Licht an ist, weil der Schalter gedrückt wurde, keinen hinreichenden Grund an. Solches würde nämlich voraussetzen, dass wir alle möglichen Einflussfaktoren kennen. Das ist meistens nicht der Fall, und selbst wenn wir sie kennen sollten, wäre eine vollständige Auflistung sehr umständlich – (und vielleicht gar nicht machbar: Hat der gleichzeitig zwei Kilometer entfernt eingeschlagene Blitz vielleicht doch das Ganze beeinflusst – oder ganz sicher nicht? Man kann die Auflistung umgehen, indem man anführt, dass die allgemeine konditionale Aussage nur dann wahr ist, wenn etwa weitere Bedingungen erfüllt sind. Man verwendet dafür auch die Formulierung »ceteris paribus« (lat. für ›unter sonst gleichen Bedingungen‹). Übertragen auf unser Beispiel bedeutet dies: Die Aussage »Ceteris paribus: Wenn der Schalter gedrückt wird, dann geht das Licht an« ist wahr.

Dass der Schalter gedrückt wird, ist allein nicht der hinreichende Grund dafür, dass das Licht angeht. Die Formulierung, dass etwas »die Ursache« ist, scheint jedoch genau dies anzudeuten. Statt von »der Ursache« sollte man also besser von »ursächlichen Bedingungen« oder von »kausal relevanten Faktoren« sprechen. Ein kausal relevanter Faktor muss weder hinreichend noch notwendig sein. Angenommen, dass es für das Licht einen zweiten Schalter gibt, so ist das Drücken des einen Schalters nicht notwendige Bedingung dafür, dass das Licht angeht. Dennoch ist das Drücken des Schalters natürlich ein ursächlicher Faktor dafür, dass das Licht angeht.[69] Wir können nun die Frage formulieren: Wann ist ein Faktor kausal relevant für ein Ereignis? Wie können wir das herausfinden?

Wir können eine Situation abstrakt wie folgt beschreiben: Es sei Z das zu erklärende Ereignis, und es gebe eine Reihe von möglichen kausalen Faktoren A, B, C usw. Nun könnte man als Erstes vorschlagen, dass etwas ein kausaler Faktor für Z ist, wenn der Faktor immer dann vorhanden ist, wenn Z vorhanden ist. Also zum Beispiel: In zahlreichen Situationen, in denen A vorhanden ist, ist auch Z vorhanden. Dies ist pragmatisch ein gutes Vorgehen, weil wir hier keinen großen Aufwand betreiben müssen, sondern einfach beobachten können. Zum Beispiel: Wir drücken den Schalter, und das Licht geht an, und wir wiederholen dies, und es geschieht immer etwas Ähnliches. Doch folgt daraus nicht, dass das Drücken des Schalters ein ursächlicher Faktor dafür ist, dass das Licht angeht, denn es könnte sich dabei auch um eine zufällige Verbindung oder Korrelation handeln. Man vergleiche die Situation mit der folgenden: Anton trinkt an einem Abend auf einer Party mehrere Gläser Orangensaft mit Whisky. Er stellt eine Veränderung des Bewusstseinszustands fest, die er gerne vermeiden möchte. Also trinkt er bei der nächsten Party Orangensaft mit Gin. Doch stellt er wieder dieselbe Veränderung des Bewusstseinszustands fest. Beim dritten Mal wählt er Orangensaft, den er so mag, und nimmt Whisky dazu. Doch es tritt wieder dasselbe ein. Also entscheidet er sich schweren Herzens dazu, auf den Orangensaft zu verzichten, denn bei diesem handelt es sich offensichtlich um denjenigen Faktor, der immer dann vorhanden war, wenn er die Veränderung des Bewusstseinszustands erlebte. Daraus, dass ein Faktor A bislang immer dann vorhanden war, als auch Z auftrat, können wir also nicht mit Sicherheit schließen, dass A auch ein ursächlicher Faktor ist.

Als Zweites könnte man vorschlagen, dass etwas dann ein kausaler Faktor für Z ist, wenn es der Fall ist, dass Z nicht vorhanden ist, wenn der Faktor nicht vorhanden ist. Und tatsächlich könnten wir am Beispiel des Lichtschalters immer wieder beobachten, dass, wenn wir den Lichtschalter nicht betätigen, auch das Licht nicht angeht. Dies bedeutet aber noch lange nicht, dass das Betätigen des Schalters für das Lichtmachen notwendig ist, denn es könnte einen zweiten Schalter für das Licht geben. Das Betätigen des Lichtschalters ist also kein notwendiger, aber dennoch ein ursächlicher Faktor.

Doch reicht der genannte Test aus, dass wir einfach feststellen, dass das Licht nicht angeht, wenn wir den Schalter nicht betätigen? Stellen wir uns folgende Situation vor: Das Licht wird durch einen Bewegungsmelder angeschaltet, der in der Nähe des Schalters angebracht ist, so dass er nur ausgelöst wird, wenn man sich in der Nähe davon bewegt. Es könnte also sein, dass wir folgende Feststellung machen: Wir drücken den Schalter nicht, und das Licht geht nicht an. Doch der Grund dafür liegt nicht in der Tatsache, dass wir den Schalter nicht gedrückt, sondern dass wir uns nicht in der Nähe des Bewegungsmelders bewegt haben. Also reicht es nicht aus, einfach nur den einen Faktor und dessen Abwesenheit zu untersuchen, wenn wir den Schluss auf einen kausalen Faktor ziehen wollen. Oder abstrakt formuliert: Sollten wir also feststellen, dass immer dann, wenn A nicht vorhanden ist, auch Z nicht vorhanden ist, können wir nicht darauf schließen, dass A ein ursächlicher Faktor für Z ist, denn es kann immer noch der Fall sein, dass in all diesen Situationen, in denen A nicht vorhanden ist, auch B nicht vorhanden, und B ein ursächlicher Faktor ist, der zusammen mit anderen hinreichend ist.

Wie können wir das Problem lösen? Der Vorschlag, der auf den englischen Philosophen John Stuart Mill (1806–1873) zurückgeht, lautet: Wir sollten versuchen, zwei Situationen herzustellen, die sich nur genau in einem Faktor unterscheiden, und hinsichtlich aller anderen Faktoren genau gleich sind. Wenn wir dies erreichen, so können wir sagen: Wenn zwei Situationen S1 und S2 sich nur genau in dem Faktor A unterscheiden, also zum Beispiel S1: ABCDE und S2: BCDE, und in Situation S1 Z auftritt, in S2 aber nicht, dann ist A ein ursächlicher Faktor für Z. Also müssten wir uns in dem Beispiel genau gleich wie sonst bewegen, zu derselben Tageszeit, bei demselben Luftdruck und auch gleich hinsichtlich aller weiteren Faktoren. Nun ist es allerdings so, dass wir ja gar nicht alle Faktoren kennen, die ursächlich sein könnten. Mills Test, der als »Differenzmethode« bekannt geworden ist, liefert zwar in der Theorie die Antwort darauf, wann ein Faktor ursächlich relevant ist. Für die Praxis muss man sich jedoch damit begnügen, zwei Situationen herzustellen, die in relevanter Hinsicht ähnlich sind.

Die Methode liefert natürlich auch umgekehrt keinen Nachweis dafür, dass ein Faktor kausal nicht relevant ist. Angenommen, Z würde sowohl in S1: ABCDE und S2: BCDE auftreten. Der Schluss liegt nahe, dass A für Z nicht relevant ist. Doch ist durchaus möglich, dass in S1 und S2 ein Faktor B hinreichend für Z ist, aber in einer Situation S3, in der B nicht vorkommt, ein Faktor F, und F zusammen mit A das Ereignis Z verursacht, mit dem Ergebnis, dass also A doch für Z ursächlich relevant ist.

Öffnen wir damit Tür und Tor für Pseudoerklärungen? Wenn man nicht ausschließen kann, dass etwas kein ursächlicher Faktor ist, dann kann man auch nicht die astrologische Erklärung ausschließen, dass die Stellung der Sterne am Himmel bei Geburt eines Menschen einen Einfluss auf dessen Persönlichkeit haben. Doch es gibt auch keinen guten Grund, die Erklärung für wahr zu halten, solange man keinerlei kausale Relevanz nachgewiesen hat. Es müsste ja erst einmal mit Hilfe der Differenzmethode gezeigt werden, dass die Stellung der Sterne ein ursächlicher Faktor ist.[70]

***

1. *Angenommen, Wissenschaftler hätten herausgefunden, dass Studenten, die ab und zu Alkohol trinken, einen geringeren IQ haben als Studenten, die nie Alkohol trinken. Kann man daraus schließen, dass man den IQ von Studenten erhöhen könnte, indem man sie davon abhält, Alkohol zu trinken?*
2. *Angenommen, das lokale Fußballteam würde üblicherweise seine Spiele vor wenigen Zuschauern abhalten und meistens gewinnen, jedoch dann, wenn das Stadion ausverkauft ist, verlieren. Muss man daraus schließen, dass die erhöhte Anzahl an Zuschauern die Ursache für die Niederlage ist?*
3. *Angenommen, Alice stellt fest, dass sie manchmal Verdauungsprobleme hat, und zwar immer nur dann, wenn sie entweder Milch, Eier, Weizen, Nüsse oder Muscheln isst. Nun versucht sie herauszufinden, was die Ursache sein könnte. Sie macht folgende zwei Tests, wobei sie vor dem jeweiligen Test einen Tag lang nichts isst und nur Wasser trinkt. Test 1: Milch, Eier und Weizen, keine Nüsse und keine Muscheln. Test 2: Keine Milch und keine Eier, dafür Weizen, Nüsse und Muscheln. In beiden Tests hatte Alice Verdauungsprobleme.*[71]
   a) *Welche der Nahrungsmittel halten Sie für den besten Kandidaten für einen ursächlichen Faktor?*

b) *Wie würden Sie diese Hypothese weiter testen?*
c) *Welche der Nahrungsmittel könnten ebenfalls ursächliche Faktoren sein?*
d) *Wie würden sie diese Hypothesen testen?*

17. Bestätigungsfehler

Wir müssen uns im Alltag in vielen Situationen auf Wahrscheinlichkeiten stützen, etwa dann, wenn wir uns entscheiden müssen, ob wir die Bahn oder das Auto nehmen wollen, um möglichst schnell ans Ziel zu gelangen. Wie groß ist die Wahrscheinlichkeit, dass es zu einer Verspätung bei der Bahn kommt – wie groß ist die Wahrscheinlichkeit, dass es zu einem Stau auf der Straße kommt? In vielen Fällen sind wir gut darin, die Wahrscheinlichkeiten ungefähr richtig einzuschätzen, und in vielen Fällen sind wir darin sehr schlecht. Dass wir manchmal so schlecht darin sind, sie richtig einzuschätzen, hat unter anderem mit sogenannten Bestätigungsfehlern zu tun, d. h. mit der menschlichen Tendenz, nach Bestätigung für bereits bestehende Überzeugungen zu suchen und Informationen, die diesen Bestätigungen widersprechen, zu vernachlässigen.

Betrachten wir das folgende einfache Beispiel. Angenommen, es liege vor uns ein Stapel von zehn Karten, darin genau sieben rote und drei schwarze Karten. Es wird zehnmal jeweils eine Karte gezogen und dann wieder in den Stapel zurückgelegt. Für jede richtig getippte Karte erhalten Sie 10 Euro. Welche Strategie würden Sie wählen?[72]

(A) Zehnmal auf Rot tippen.
(B) Neunmal auf Rot und einmal auf Schwarz tippen.
(C) Achtmal auf Rot und zweimal auf Schwarz tippen.
(D) Siebenmal auf Rot und dreimal auf Schwarz tippen.

Selbstverständlich ist die richtige Antwort (A). Denn in jedem einzelnen Fall besteht eine Wahrscheinlichkeit von 70

Prozent, dass die Karte rot ist. Also ist es für jeden einzelnen Fall besser, auf Rot zu tippen.

Betrachten Sie nun den folgenden Fall, den Tversky und Kahneman (1983) in einem psychologischen Experiment in den USA verwendet haben:[73]

> Linda ist 31 Jahre alt, Single, freimütig und sehr intelligent. Sie hat Philosophie im Hauptfach studiert. Als Studentin interessierte sie sich sehr für Themen wie Diskriminierung und soziale Gerechtigkeit, und sie nahm auch an Anti-Atomkraft-Protesten teil.

Welche der beiden folgenden Szenarien ist wahrscheinlicher?

(1) Linda ist Bankangestellte.
(2) Linda ist Bankangestellte und in der feministischen Bewegung aktiv.

Vermutlich erachten Sie das Szenario (2) für wahrscheinlicher. Denn die Beschreibung von Linda passt besser zur Vorstellung von einer feministischen Bankangestellten als zu der einer Bankangestellten, und wir können zur ersten Vorstellung leicht eine kohärente Geschichte erzählen. Doch die Wahrscheinlichkeit von (2) kann gar nicht größer sein als die von (1), denn (1) beinhaltet Aussage (2) und ergänzt diese um eine weitere Aussage. Allgemein gesagt: Die Wahrscheinlichkeit, dass p der Fall ist, kann nicht größer sein als die Wahrscheinlichkeit, dass p und q der Fall sind. Wir erachten (2) als wahrscheinlicher als (1), weil die Beschreibung in (2) eher unseren Erwartungen entspricht als die in (1). Es ist für uns einfacher, das Verfahren bzw. die Heuristik anzuwenden, die den Beschreibungen nach am besten zu Linda passt, statt die genaue Wahrscheinlichkeit zu beurteilen. Der Fehler, die gesamte Konjunktion als wahrscheinlicher als eine der Teilaussagen der Konjunktion anzusehen, wird als Konjunktions-Fehlschluss bezeichnet.[74]

Betrachten Sie nun den folgenden Fall. Sie spielen Roulette. Sie schauen dem Spiel eine Zeit lang zu. Plötzlich stellen Sie fest: Fünfmal hintereinander erschien Rot. Wie wahrscheinlich ist es nun, dass das nächste Mal Schwarz erscheint?

(A) Es ist wahrscheinlicher, dass nächstes Mal Schwarz erscheint.
(B) Es ist wahrscheinlicher, dass nächstes Mal Rot erscheint.
(C) Es ist genau gleich wahrscheinlich, dass Schwarz oder dass Rot erscheint.

Die richtige Antwort lautet natürlich (C). Die Ergebnisse der bisherigen Spiele haben keinerlei Auswirkung auf den Ausgang des darauffolgenden Spiels. Viele Menschen glauben jedoch, dass (A) die richtige Antwort sei. Vermutlich glauben sie dies, weil sie denken, dass das Auftreten von Schwarz eine Folge hervorrufen wird – nämlich fünfmal Rot und dann einmal Schwarz –, die eher zu erwarten ist als die Folge sechsmal Rot. Ähnlich wie im Linda-Beispiel glauben sie, dass die eine Folge wahrscheinlicher eintreten wird, weil sie mehr dem Stereotyp einer zu erwartenden Folge entspricht.[75] Doch sind die einzelnen Spiele unabhängig voneinander, somit ist die Wahrscheinlichkeit in jedem Spiel gleich. Der Fehlschluss ist als Spielerfehlschluss bekannt.

Betrachten Sie nun den folgenden Fall: In einer Stadt gibt es zwei Spitäler. In dem größeren Spital werden im gleichen Zeitraum jeden Tag etwa 45 Kinder geboren, in dem kleineren Spital jeden Tag etwa 15. Wie Sie wissen, ist etwa die Hälfte der Neugeborenen männlichen Geschlechts. Es gibt jedoch Schwankungen, manchmal sind es etwas mehr, manchmal etwas weniger Jungen. Ein Jahr lang haben nun beide Spitäler gezählt, an wie vielen Tagen es 60 Prozent oder mehr Neugeborene männlichen Geschlechts gab. In welchem der beiden Spitäler war die Anzahl der Tage größer? Im größeren Spital, im kleineren Spital, oder in beiden etwa gleich?[76]

Die meisten Menschen antworten, dass es in beiden Spitälern etwa gleich sei. Dabei berücksichtigen Sie den Einfluss, den die Größe des Spitals hat, nicht. Je größer die Anzahl an Fällen ist, desto näher wird sie dem Durchschnitt entsprechen können. Es ist also wahrscheinlicher, dass es mehr Tage mit 60 Prozent und mehr Geburten von Jungen in dem kleineren Spital gibt.

***

1. *Angenommen, wir würden einen nicht-gezinkten 6er-Würfel werfen. Wir stellen fest, dass in den bisherigen Würfen diese Zahlen in dieser Reihenfolge oben lagen: 34415633333. Wie wahrscheinlich ist es, dass die nächste Zahl eine 3 ist?*
2. *Angenommen, Sie hätten bereits zwei Kinder, zwei Mädchen. Wie wahrscheinlich ist es, dass das nächste Kind ein*

Mädchen ist? Ist es wahrscheinlicher, weniger wahrscheinlich oder gleich wahrscheinlich, dass es ein Junge wird?

3. *Ist es wahrscheinlicher, dass ein 40-jähriger Mann mit Brille ein Arzt ist oder dass er ein Kaufmann ist?*
4. *Angenommen, eine Freundin erzählt Ihnen, dass sie die Beschwerden* B *gehabt hätte und ihr das Mittel* M *geholfen hätte. Was können Sie über die Wirksamkeit von* M *sagen?*
   a) Es hilft immer.
   b) Es hilft manchmal.
   c) Es hilft nie.
   d) Man kann nichts über die Wirksamkeit sagen.

18. Wahrscheinlichkeiten

Im Alltag machen wir Aussagen wie »Es wird wahrscheinlich regnen« oder »Sie hat wahrscheinlich den Termin vergessen«. Damit meinen wir keine Wahrscheinlichkeit, die wir als genaue Zahl angeben könnten, sondern deuten nur an, wie sicher wir uns sind, dass etwas der Fall ist. Man kann den Grad der Gewissheit aber auch mit einer Zahl angeben. Man nennt den entsprechenden Grad der Gewissheit auch »subjektive Wahrscheinlichkeit«, die von der »objektiven Wahrscheinlichkeit« zu unterscheiden ist. Die objektive Wahrscheinlichkeit ermittelt man, indem man untersucht, wie häufig ein bestimmtes Ereignis innerhalb eines Bereichs tatsächlich auftritt.

In der Wahrscheinlichkeitstheorie geht man von der klassischen Definition von Wahrscheinlichkeit des französischen Mathematikers Pierre-Simon Laplace (1749–1827) aus. Diese lautet, dass die Wahrscheinlichkeit das Verhältnis der Anzahl günstiger Fälle zu der Gesamtanzahl der Fälle ist. Man drückt die Wahrscheinlichkeit mit einer Zahl zwischen 0 und 1 aus. Zum Beispiel ist die Wahrscheinlichkeit, dass man mit einem Würfel eine 6 wirft, genau 1/6. (Diese Tatsache kann man natürlich auch in Prozenten ausdrücken.) Etwas, das unmöglich ist, kann nicht stattfinden und hat somit die Wahrscheinlichkeit 0, etwa dann, wenn man mit dem Würfel (der nur sechs Seiten, die mit Zahlen von 1 bis 6 beschriftet sind) eine 7 wirft. Ein Geschehen, das stattfinden muss, hat die Wahrscheinlichkeit 1, zum Beispiel, wenn man mit dem Würfel entweder eine 1, eine 2, 3, 4, 5 oder 6 wirft.

Einige einfache Regeln der Wahrscheinlichkeitstheorie

können nützlich sein, wenn man eine bestimmte Wahrscheinlichkeit schnell bestimmen will.

1. Die Wahrscheinlichkeit, dass ein Ereignis nicht stattfindet, ist 1 minus die Wahrscheinlichkeit, dass das Ereignis stattfindet, etwa die Wahrscheinlichkeit, dass man mit einem Würfel keine 6 wirft, ist genau 1 – 1/6 = 5/6.
2. Die Wahrscheinlichkeit, dass zwei unabhängige Ereignisse beide stattfinden, ist das Produkt ihrer individuellen Wahrscheinlichkeiten, etwa die Wahrscheinlichkeit, dass man mit zwei Würfeln zweimal eine 6 wirft, ist genau 1/6 * 1/6 = 1/36. Man kann sich dies auch so veranschaulichen, dass man alle Möglichkeiten von Kombinationen auflistet, nämlich 36, und davon ist genau eine diejenige, dass zweimal eine 6 geworfen wird.
3. Die Wahrscheinlichkeit, dass von zwei sich gegenseitig ausschließenden Ereignissen mindestens eines stattfindet, ist die Summe ihrer individuellen Wahrscheinlichkeiten. Ereignisse, die sich gegenseitig ausschließen, können nicht beide zugleich stattfinden. Zum Beispiel kann eine Person nicht gleichzeitig in Berlin und in Hamburg sein. Betrachten wir zum Beispiel den Wurf zweier Würfel. Wie groß ist die Wahrscheinlichkeit, dass man entweder eine Gesamtzahl von 2 oder eine Gesamtzahl von 5 wirft? Die Antwort lautet: Die Wahrscheinlichkeit ist die Wahrscheinlichkeit der Gesamtzahl 2, d. h. 1/36 (nämlich die Würfe 1 und 1), addiert mit der Wahrscheinlichkeit der Gesamtzahl 5, d. h. 4/36 (nämlich die Würfe 1 und 4, 2 und 3, 3 und 2, 4 und 1), somit also 5/36.

Ein zentraler Begriff der Wahrscheinlichkeitsrechnung ist derjenige der »bedingten Wahrscheinlichkeit«, auch »konditionale Wahrscheinlichkeit« genannt. Die bedingte Wahrscheinlichkeit ist jene Form von Wahrscheinlichkeit, die darauf Bezug nimmt, dass ein Ereignis unter der Bedingung, dass ein anderes bereits stattgefunden hat, eintritt. Angenommen etwa, man wirft zwei Würfel nacheinander. Beim ersten Wurf hat man eine 2 gewürfelt. Wie hoch ist die Wahrscheinlichkeit, dass die Gesamtzahl mindestens 6 sein wird? Die Lösung lautet: Man muss beim zweiten Mal eine 4, 5 oder 6 würfeln, d. h. die bedingte Wahrscheinlichkeit, dass man eine Gesamtzahl von mindestens 6 erreicht, gegeben, dass der erste Wurf 2 war, ist 1/2.

Betrachten Sie nun das folgende Problem: Angenommen, ein Taxi war an einem nächtlichen Unfall mit Fahrerflucht beteiligt. In der Stadt gibt es genau zwei Taxi-Unternehmen. Die Wagen der Firma Grün sind alle grün, die der Firma Blau sind alle blau. 85 Prozent der Taxis in der Stadt gehören Grün, 15 Prozent gehören Blau. Ein Zeuge hat das Taxi als blau identifiziert. Das Gericht überprüfte die Zuverlässigkeit des Zeugen und gelangte zu dem Ergebnis, dass er jede der Farben in 80 Prozent der Fälle richtig erkannte und in 20 Prozent der Fälle danebenlag. Wie hoch ist die Wahrscheinlichkeit, dass das am Unfall beteiligte Taxi blau war? Was schätzen Sie?

So lautet das berühmte Taxi-Problem von Tversky und Kahneman.[77] Die meisten Menschen berücksichtigen nur die Zuverlässigkeit des Zeugen und antworten, dass die Wahrscheinlichkeit 80 Prozent sei. Dabei machen sie jedoch den Fehler, dass sie die Basisrate nicht beachten: Da nur 15 Prozent der Taxis blau sind, ist es bereits von vornherein nicht sehr wahrscheinlich, dass das Taxi blau gewesen ist. Wir können zu der richtigen Wahrscheinlichkeit gelangen, indem wir einmal annehmen, dass es 100 solcher Unfälle gibt. Von diesen werden 15 ein Taxi von Blau involvieren, und der Zeuge wird 80 Prozent von diesen als richtig erkennen, d. h. 12. Von den 100 Unfällen werden 85 Taxis von Grün beteiligt sein. Und der Zeuge wird 20 Prozent von diesen fälschlicherweise für blau halten, d. h. 17. Insgesamt wird der Zeuge somit 29 (17 + 12) Taxis als blau bezeichnen, aber nur in 12 Fällen wird er richtig liegen, d. h. in 12 von 29, d. h. in 41 Prozent der Fälle.[78]

Man kann die Ergebnisse bedingter Wahrscheinlichkeit auch mit Formeln berechnen. Die bedingte Wahrscheinlichkeit, dass B gegeben A, ist gleich die Wahrscheinlichkeit von A und B geteilt durch die Wahrscheinlichkeit von B. Formal ausgeschrieben, wobei P für Wahrscheinlichkeit steht, sieht dies so aus:

$$P(B|A) = P(A \text{ und } B) / P(B)$$

Nun können wir auch die Wahrscheinlichkeit von A gegeben B so ausdrücken:

$$P(A|B) = P(A \text{ und } B) / P(A)$$

Formen wir dies um, so erhalten wir:

$$P(A|B) * P(A) = P(A \text{ und } B)$$

Und setzen wir die rechte Seite anstelle von P (A und B) in der Formel oben ein, so erhalten wir:

$$P(B|A) = P(A|B) * P(A) / P(B)$$

Ausformuliert bedeutet dies: Die Wahrscheinlichkeit von B gegeben A ist gleich dem Produkt der Wahrscheinlichkeit von A gegeben B mit der Wahrscheinlichkeit von A dividiert durch die Wahrscheinlichkeit von B. Dies ist der berühmte Satz, der nach seinem Entdecker, dem englischen Mathematiker Thomas Bayes (1701–1761), benannt wurde.[79]

Ein Fehler, den wir häufig im Zusammenhang mit Wahrscheinlichkeiten begehen, besteht darin, dass wir die Basisrate nicht beachten. Diesen Fehler nennt man auch »Prävalenzfehler«. Ein anderer Fehler besteht darin, dass wir die Regression zum Mittelwert nicht beachten. Kahneman berichtet die Geschichte, die ein erfahrener Fluglehrer ihm erzählte: Wenn er seine Schüler für gute Leistungen lobte, so zeigten sie danach häufig schlechte Leistungen, und wenn er sie für schlechte Leistungen angriff, zeigten sie danach häufig bessere Leistungen. Er sah darin einen Nachweis dafür, dass Lob eine negative Wirkung und Strafe eine positive Wirkung hätte. Doch ist dieser Schluss verfehlt, denn vermutlich lobte er diejenigen, die gerade eine überdurchschnittliche Leistung erbracht hatten, und somit war es wahrscheinlich, dass sie beim nächsten Mal eine schlechtere Leistung zeigen würden. Umgekehrt bestrafte er diejenigen, die gerade eine unterdurchschnittliche Leistung erbracht hatten, und so war es wahrscheinlich, dass sie beim nächsten Mal eine bessere Leistung zeigen würden. Der Ausbildner hat also einen statistisch erklärbaren Zusammenhang – nämlich die Regression zum Mittelwert – fälschlicherweise als kausalen Zusammenhang interpretiert.[80]

***

1. *Sie wollen einen Computer kaufen und müssen sich nur noch zwischen Modell A und Modell B entscheiden. Sie konsultieren mehrere Fachportale im Internet, in denen die beiden Modelle in Hinblick auf mehrere Kriterien miteinander verglichen werden, und alle kommen zu dem Schluss, dass Modell B das bessere ist. Bevor Sie zum Kauf schreiten, fragen Sie noch einen Freund von Ihnen, der sich auch mit Computern auskennt, und er sagt Ihnen, dass er Modell A vorziehen würde. Was sollen Sie nun tun? Sollen Sie Modell A oder Modell B kaufen?*[81]
2. *Angenommen, das Virus XYZ würde zu einer schwerwiegenden Krankheit führen, die 1 Prozent der Menschen haben. Nehmen wir weiter an, dass es einen Test gebe, der das Virus mit Sicherheit nachweist. Der Test zeigt jedoch manchmal ein Vorkommen an, obwohl das Virus nicht vorhanden ist, und zwar in 5 Prozent der Fälle. Die Rate, die falsche positive Ergebnisse angibt, liegt somit bei 5 Prozent. Angenommen, dass man nun an einem zufällig ausgewählten Menschen den Test ausführt, und dieser ist positiv: Wie hoch ist die Wahrscheinlichkeit, dass die Person tatsächlich das Virus XYZ hat?*[82]
3. *In dem sogenannten Monty-Hall-Problem, benannt nach der gleichnamigen Fernsehshow, ist hinter genau einem von drei Vorhängen ein Preis versteckt und hinter den anderen nichts. Man muss sich für einen der drei Vorhänge*

entscheiden. Sobald man sich für einen der Vorhänge entschieden hat, wird einer der zwei restlichen Vorhänge hochgezogen. Hinter diesem Vorhang findet sich aber nichts. Nun wird man gefragt, ob man zum anderen noch geschlossenen Vorhang wechseln möchte. Was würden Sie tun? Weshalb? Beachten Sie alle möglichen Kombinationen bzw. die bedingte Wahrscheinlichkeit!

4. *Wie würden Sie die folgende Tatsache erklären: »Hochintelligente Frauen heiraten tendenziell Männer, die weniger intelligent sind als sie.«*[83]

19. Entscheidungen

Wir geraten immer wieder in Situationen, in denen wir uns entscheiden müssen. Wir müssen uns für etwas entscheiden, das unser ganzes Leben beeinflussen und verändern kann, zum Beispiel, welche Schule wir besuchen oder welchen Beruf wir erlernen, wen wir heiraten und welche berufliche Stelle wir annehmen wollen. Wir müssen uns aber auch für viele Kleinigkeiten entscheiden, etwa welches Kleid wir anziehen, was wir essen oder wen wir heute treffen wollen. In vielen von diesen Entscheidungen spielen Wahrscheinlichkeiten eine mehr oder weniger große Rolle.

Entscheidungstheorie

Nehmen wir an, dass Ben sich überlegt, ob er mit dem Fahrrad oder mit dem Bus zur Schule fahren soll. Er entscheidet sich also zwischen zwei möglichen *Handlungen*. Ben denkt daran, dass es regnen oder nicht regnen könnte. Dies sind die zwei möglichen *Zustände* der Welt. Damit ergeben sich für ihn vier mögliche *Ergebnisse*: Fahrrad und Regen, Fahrrad und kein Regen, Bus und Regen sowie Bus und kein Regen. Diese Ergebnisse lassen sich in einer Tabelle darstellen, wobei in den Zeilen die Handlung und in den Spalten der Zustand steht.

	Regen	Kein Regen
Fahrrad		
Bus		

Die Entscheidung von Ben wird von zwei Dingen abhängen, nämlich erstens davon, wie viel *Wert* die verschiedenen Ergebnisse für ihn haben. Will er unter keinen Umständen nass werden, so wird er die Option Fahrrad ausschließen, sofern überhaupt die Möglichkeit besteht, dass es regnet. Zweitens hängt seine Entscheidung davon ab, wie hoch er die *Wahrscheinlichkeit* der beiden Zustände einschätzt. Ist sich Ben sicher, dass es nicht regnen wird, so könnte die Option Fahrrad für ihn attraktiv sein, zum Beispiel aus dem Grunde, weil er mit dem Fahrrad weniger lange unterwegs ist.

Wie aber soll sich jemand (vernünftigerweise) entscheiden, wenn es weder einen Wert noch eine Wahrscheinlichkeit gibt, die eine Option ausschließt? Diese Frage wird unter anderen von der sogenannten *Entscheidungstheorie* untersucht. Um den Wert eines Ergebnisses zu bestimmen, kann man zunächst so vorgehen, dass man alle möglichen Ergebnisse in eine Rangordnung bringt. In dem Beispiel könnte Ben die folgende Rangordnung aufstellen: Er möchte am wenigsten gern mit dem Bus fahren, unabhängig davon, ob es nun regnet oder nicht, und er möchte lieber nicht im Regen Fahrrad fahren. Das beste Ergebnis ist für ihn Fahrrad / Kein Regen, das zweitbeste Fahrrad/Regen. In Bezug auf die Ergebnisse Bus/Regen und Bus / Kein Regen ist er unentschieden bzw. indifferent, d. h. beide haben für ihn denselben Wert. Man kann die Rangordnung in der Tabelle wie folgt darstellen:

	Regen	Kein Regen
Fahrrad	2	1
Bus	3	3

Damit wird klar, wie die richtige Entscheidung lautet, nämlich Option Fahrrad. Der Grund für diese Entscheidung besteht darin, dass diese Optionen in allen möglichen Zuständen im Vergleich zu den anderen Ergebnissen das beste Ergebnis liefert (2 zu 3, und 1 zu 3). Man kann dies als Prinzip formulieren, das man »Dominanzprinzip« nennt:

> Wenn eine Handlung in allen möglichen Zuständen mindestens gleich gut und in mindestens einem besser ist als alle anderen möglichen Handlungen (d. h. die Handlung, die andere Handlungen dominiert), dann ist diese Handlung im Vergleich zu den anderen zu wählen.

Man kann sich auch eine andere Rangordnung vorstellen: Das beste Ergebnis ist Fahrrad / Kein Regen, das schlechteste Ergebnis ist Fahrrad/Regen. In Bezug auf die beiden Ergebnisse Bus/Regen und Bus / Kein Regen ist Ben indifferent, d. h. beide haben für ihn denselben Wert. Man kann die Rangordnung in der Tabelle wie folgt darstellen.

	Regen	Kein Regen
Fahrrad	3	1
Bus	2	2

Die Darstellung macht deutlich, dass mit der ersten Option, dem Fahrrad, zwar das beste (Fahrrad / Kein Regen), aber zugleich auch das schlechteste Ergebnis (Fahrrad/Regen) erreicht werden könnte. Handelt man nach dem Prinzip, unter allen Umständen zu versuchen, das beste Ergebnis zu erreichen, dann ist Option Fahrrad zu wählen. Handelt man nach dem Prinzip, unter allen Umständen zu versuchen, das schlechteste Ergebnis zu vermeiden, dann ist Option Bus zu wählen. Solche Prinzipien nennt man in der Entscheidungstheorie »Strategien«.

Nun kann es aber auch sein, dass wir weder die eine noch die andere der zwei soeben genannten Strategien verfolgen wollen. Vielmehr wollen wir in jeder Situation das machen, was uns am meisten Nutzen verspricht. Man nennt dies die Strategie der *Maximierung des erwartbaren Nutzens*:

> Um den erwartbaren Nutzen zu berechnen, benötigt man für jeden Nutzen einen numerischen Wert und in Bezug auf jedes Ergebnis die Wahrscheinlichkeit seines Eintreffens. Der erwartbare Nutzen ergibt sich sodann aus der Multiplikation des Nutzwertes mit der Wahrscheinlichkeit des Eintreffens des Ergebnisses.

Nehmen wir an, dass wir in dem genannten Beispiel wissen, dass die Wahrscheinlichkeit 60 Prozent ist, dass es regnet. Nehmen wir weiter an, dass wir die folgenden numerischen Werte als Nutzen zuordnen können: Fahrrad/Regen -10, Fahrrad / Kein Regen +10, Bus/Regen 2, Bus / Kein Regen 2. Damit erhalten wir folgende Tabelle (dabei stellt die obere Zahl den numerischen Wert des Nutzens und die untere die Wahrscheinlichkeit dar).

	Regen	Kein Regen
Fahrrad	-10 0,6	10 0,4
Bus	2 0,6	2 0,4

Der erwartete Nutzen der Option Fahrrad ist: (-10*0,6) + (10*0,4) = -2. Der erwartete Nutzen der Option Bus ist: (2*0,6) + (2*0,4) = 2. Somit ist Option Bus der Option Fahrrad vorzuziehen.

Mit der Strategie der Maximierung des erwartbaren Nutzens lassen sich gewisse Entscheidungsprobleme lösen. Die Anwendung der Strategie setzt jedoch voraus, dass man dem Nutzen einen numerischen Wert und den verschiedenen Zuständen eine Wahrscheinlichkeit zuordnen kann.

Spieltheorie

Oftmals hängt der Ausgang auch von den Handlungen anderer ab. Betrachten wir folgende Situation: Anne und Ben wollen sich vor dem Theater treffen. Nun stellt jeder von ihnen fest, dass das Theater zwei weit voneinander entfernte Eingänge hat. Sie würden sich jedoch nur dann treffen, wenn sie beide zu demselben Eingang gehen. Wir können dies Problem wie folgt darstellen.

	Anne Eingang 1	Anne Eingang 2
Ben Eingang 1	Treffen	Kein Treffen
Ben Eingang 2	Kein Treffen	Treffen

Nun stellt sich die Frage, was ein jeder tun kann, damit sie sich treffen. Diese Frage lässt sich ohne weitere Information nur schwer lösen, denn aus der Sicht von jedem sind beide Optionen gleich gut. Die Erweiterung der Entscheidungstheorie auf solche Situationen, in denen der Ausgang von den Entscheidungen anderer abhängt, nennt sich *Spieltheorie*.

Ein berühmtes Problem der Spieltheorie ist das sogenannte *Gefangenendilemma*, das der kanadische Mathematiker A. W. Tucker (1905–1995) in den 1950er Jahren anhand von zwei Gefangenen illustrierte. Es ist ein Problem, das sich in verschiedenen alltäglichen Situationen zeigen kann, z. B. in einem Preiskampf, etwa wenn zwei Läden versuchen, sich gegenseitig in den Preisen für ihre Waren zu unterbieten.

Bei dem Gefangenendilemma sind zwei Personen, A und B, wegen des Verdachts, ein Verbrechen begangen zu haben, verhaftet worden und sitzen nun eingesperrt ohne Kontakt zum Komplizen in zwei getrennten Zellen. Jeder erfährt durch seinen Anwalt, dass Folgendes verfügt wurde:

(1) Wenn beide schweigen, muss die Anschuldigung des Drogenhandels aus Mangel an Beweisen fallen gelassen werden. A und B würden dann für unerlaubten Waffenbesitz angeklagt und als Strafe je ein Jahr Gefängnis bekommen.
(2) Wenn beide gestehen, werden beide zu je fünf Jahren Gefängnis verurteilt.
(3) Wenn der eine schweigt, und der andere gesteht, dann wird derjenige, der gestanden hat, freigelassen, weil er als Kronzeuge dienlich war, doch der andere würde zu zehn Jahren Gefängnis verurteilt.
(4) Es wird A und B (1) bis (4) mitgeteilt.

Die Situation kann wie folgt in einer Tabelle dargestellt werden, wobei die erstgenannte Zahl im Kästchen der Höhe der Strafe von A, die zweitgenannte der Höhe der Strafe von B entspricht (also der Anzahl Jahre Gefängnis).

	B gesteht	B schweigt
A gesteht	5, 5	0, 10
A schweigt	10, 0	1, 1

Nehmen wir weiter an:

(5) Jeder ist daran interessiert, die geringste Strafe für sich selbst zu bekommen.
(6) Keiner hat Informationen darüber, was das wahrscheinliche Verhalten des anderen ist, außer dass (5) für ihn gilt und dass er vernünftig handelt.

Was ist in dieser Situation vernünftigerweise zu tun? Wenn der andere gesteht, ist es besser für mich, wenn ich auch gestehe, und wenn der andere schweigt, ist es auch besser für mich, wenn ich gestehe, also sollte ich nach dem Dominanzprinzip gestehen. Da wir nicht wissen, was der andere tun wird, könnten wir die beiden Zustände »B gesteht« und »B schweigt« für gleich wahrscheinlich annehmen. Dann ist der erwartbare Nutzen für die Option »Gestehen« größer als für die Option »Schweigen«. Also sollten wir auch nach dem Prinzip der Maximierung des erwartbaren Nutzens gestehen. Und wir können davon ausgehen, dass der andere dieselben Überlegungen anstellen wird, also auch die Option »Gestehen« wählen wird.

Somit wird also der Fall eintreten, dass beide gestehen. Das Resultat in diesem Fall ist aber für A und B deutlich schlechter als das Resultat in dem Fall, dass beide schweigen.

Ein weiteres Problem wird als *Allmendeproblem* oder die *Tragik der Allmende* (engl. *tragedy of the commons*) bezeichnet. Das Problem stellt sich, wenn natürliche Ressourcen mehreren Menschen zur freien Verfügung stehen. Stellen Sie sich vier Menschen und einen Teich mit hundert Fischen vor. Wenn die vier Menschen zusammen jährlich zwanzig Fische fischen, so erholt sich die Population. Fischen sie mehr, so reduziert sich die Anzahl der Fische. Wird über mehrere Jahre lang unbegrenzt gefischt bzw. der Teich letztlich überfischt, so lebt am Ende gar kein Fisch mehr im Teich. Da jeder einzelne Mensch ein Interesse daran hat, möglichst viele Fische zu fischen, um sie zu essen oder zu verkaufen, und es keine Gewalt gibt, die ihn zur Einschränkung zwingt, werden schließlich alle Fische tot sein, auch wenn dies niemand will und auch nicht im längerfristigen Interesse jedes Einzelnen liegt. In einer ähnlichen Situation befindet sich die Menschheit in Bezug auf die Fische in den Weltmeeren oder auf die Erderwärmung: Da Kohlendioxid das Abfallprodukt vieler Prozesse ist, die Grundlage des menschlichen Wohlstands sind, kommt es mit der Steigerung des Wohlstands zu einer Erhöhung der Emissionen an Kohlendioxid, und je mehr davon in die Atmosphäre gelangt, desto mehr wird die Energie der Sonne auf der Erde zurückgehalten, d. h., desto wärmer ist es auf der Erde (*ceteris paribus*, also unter sonst gleichen Bedingungen). Niemand hat also ein Interesse daran, die Emissionen zu reduzieren, doch alle haben ein Interesse daran, dass es zu keiner starken Erderwärmung kommt. Es ist umstritten, wie man das Allmende-Problem theoretisch am besten löst. Ebenso und aus anderen Gründen umstritten ist die Beantwortung der Frage, welche praktischen Lösungen für die Verlangsamung des Klimawandels wie umzusetzen sind.

***

1. *Angenommen, Ihr Freund würde Ihnen folgende Wette anbieten: Wenn Sie mit dem Würfel eine 6 werfen, gibt er Ihnen 4 Euro, wenn Sie keine 6 werfen, geben Sie ihm 1 Euro. Wie hoch ist der erwartete Nutzen? Sollten Sie die Wette akzeptieren?*
2. *Denken Sie sich eine individuelle Entscheidungssituation aus. Stellen Sie diese als Tabelle dar. Setzen Sie Zahlen für den subjektiven Wert und die Wahrscheinlichkeiten ein und berechnen Sie den erwarteten Nutzen der Optionen.*
3. *Welche der beiden Strategien, A) die Option zu wählen, die zum besten Ergebnis führen kann, oder B) die Option zu wählen, die das schlechteste Ergebnis verhindert, erachten Sie persönlich als besser? Weshalb?*
4. *Der französische Philosoph Blaise Pascal (1623–1662) schlägt vor, dass man auch den Glauben an Gott als eine Entscheidungssituation interpretieren könne: Wenn wir an Gott glauben, und es Gott gibt, gewinnen wir alles, nämlich ein ewiges Leben. Wenn wir an ihn glauben, und es ihn nicht gibt, verlieren wir nichts. Also sollten wir an Gott glauben.*
   a) *Stellen Sie die Entscheidungssituation als Tabelle dar.*

b) Weshalb sollten wir laut Pascal an Gott glauben?

c) Wie würden sie auf diesen Vorschlag reagieren?

5. *Beachten Sie noch einmal das im Text beschriebene Problem des Treffens von Anne und Ben. Besteht eine Möglichkeit, dass Anne und Ben sich treffen können, ohne dass sie sich miteinander absprechen, wo?*

20. Wissenschaftliches Denken

In der Wissenschaft geht es unter anderem darum, Hypothesen zu überprüfen, Ursachen zu finden, Ereignisse zu erklären und Theorien zu entwickeln. Einige Methoden des wissenschaftlichen Denkens wurden bereits in früheren Kapiteln in den Grundzügen erläutert, insbesondere der Schluss auf die beste Erklärung und das kausale Schließen. In diesem Kapitel sollen einige weitere Aspekte hinzukommen, die man berücksichtigen muss, wenn man wissenschaftlich vorgeht.

Konditionale Hypothesen testen

Wie überprüft man eine Hypothese? Stellen Sie sich vor, es liegen die folgenden vier Karten vor Ihnen:

3	8	Rot	Blau

Karten-Beispiel aus *Wason Selection Task*

Sie sehen also nur die eine Seite der Karten. Nun wird die folgende Hypothese aufgestellt: Wenn auf der einen Seite der Karte eine gerade Zahl ist, dann ist auf der anderen Seite rot. Welche der Karten müssen Sie aufdecken, um diese Hypothese zu prüfen?

Das Beispiel stammt aus dem berühmten *Wason Selection Task*, benannt nach dessen Erfinder, dem britischen Psychologen Peter Wason (1924–2003). Die Hypothese ist als konditionale Aussage formuliert: Wenn dies, dann jenes. Die gerade Zahl ist also eine hinreichende, aber keine notwendige Bedingung für die Farbe (bzw. Rot eine notwendige Bedingung für eine gerade Zahl). Im Alltag verwenden wir Aussagen dieser Form manchmal auch dann, wenn wir eine bikonditionale Aussage meinen, d.h. die Angabe von notwendigen und hinreichenden Bedingungen. Eine bikonditionale Aussage ist eine Wenn-dann-Aussage, die in beide Richtungen gilt, also zum Beispiel: »Eine natürliche Zahl ist genau dann gerade, wenn man sie durch zwei dividieren kann« (denn es gilt auch: »Eine Zahl kann man genau dann durch zwei dividieren, wenn sie gerade ist«). Dies ist aber hier nicht der Fall: Die Aussage ist eine einfache konditionale Aussage.

Welche Karten müssen Sie umdrehen? Die Karte 3 spielt keine Rolle, da die Hypothese keine Aussage darüber macht, was auf der anderen Seite ist, wenn die Zahl ungerade ist. Die Karte 8 muss umgedreht werden, denn die Hypothese würde widerlegt, wenn die Rückseite Blau ist. Die Karte Rot muss nicht umgedreht werden, da die Rückseite eine gerade oder ungerade Zahl sein kann. Die Karte Blau muss umgedreht werden, da die Hypothese widerlegt würde, wenn auf der Rückseite eine gerade Zahl ist.

Wir tendieren dazu, zusätzlich zur Karte 8 auch die Karte Rot umzudrehen, weil wir nach einer Bestätigung der Hypothese suchen. Entscheidend ist jedoch nicht, was die Hypothese bestätigen, sondern was sie widerlegen würde! Wir sollten also nicht überlegen, was die Hypothese bestätigen, sondern was sie widerlegen würde. Es kann sich also immer lohnen, dann, wenn man eine konditionale Aussage prüfen muss, genau in diese Richtung zu denken.

In einem sozialen Kontext ist es einfacher, eine Regel zu überprüfen. Betrachten Sie den folgenden Fall:[84]

Sie sind Angestellte in einer Bar und werden Ihren Job verlieren, wenn Sie nicht die folgende Regel durchsetzen: Wenn eine Person Bier trinkt, dann muss sie über 16 Jahre alt sein. Die folgenden Karten geben Ihnen Informationen zu vier Personen in der Bar: Auf der einen Seite der Karte steht jeweils das Getränk der Person und auf der anderen ihr Alter. Welche der Karten müssen Sie umdrehen, um zu prüfen, ob jemand die Regel bricht?

Bier	Cola	20 J.	14 J.

Karten-Beispiel im sozialen Kontext

In diesem Fall fällt es uns viel leichter, die richtige Antwort zu geben – Bier und 14 J. –, obwohl das Problem genau dasselbe wie das vorige Kartenbeispiel ist. Offenbar scheint es für die erfolgreiche Anwendung unserer Fähigkeit zum kritischen Denken eine Rolle zu spielen, welchen konkreten Inhalt die Regel hat. Doch nicht nur der Inhalt spielt eine Rolle, sondern auch der soziale Kontext. Wenn das stimmt, so können wir dieses Wissen zu unserem Nutzen einsetzen. Angenommen, wir sind uns unsicher, wie wir eine konditionale Aussage mit einem abstrakten Inhalt oder in einem ungewohnten Kontext prüfen sollen: In solch einem Fall sollten wir sie mit einem konkreten Inhalt versehen und in einen sozialen Kontext stellen, um auf diese Weise die Frage besser beantworten zu können.

Kontrollgruppe

Kausale Schlüsse spielen auch in der Wissenschaft eine wichtige Rolle, etwa bei der Erforschung der Wirksamkeit von Medikamenten. Hier können wir oftmals lediglich Übereinstimmungen beobachten, weil es unzählige Faktoren gibt, die den Heilungsprozess beeinflussen können, die nicht alle kontrolliert werden können. In solchen Fällen bildet man meist eine sogenannte Kontrollgruppe: Den Menschen in der Kontrollgruppe verabreicht man das Medikament nicht (oder ein Scheinmedikament, ein Placebo). Vielfach führt man bei Untersuchungen mit einer Placebo-Kontrollgruppe sogenannte Blindstudien durch, d. h., dass die Versuchspersonen nicht wissen, ob sie das echte Medikament oder das Placebo erhalten (»einfachblind«) oder dass sowohl die Versuchspersonen als auch die Ärzte, welche die Medikamente verabreichen, dies nicht wissen (»doppelblind«).

Betrachten Sie das folgende Ergebnis einer Untersuchung und überlegen Sie, welche Aussagen man damit bezüglich der Wirksamkeit des Medikaments machen kann.

	Verbesserung des Zustands	Keine Verbesserung des Zustands
Testgruppe (Verabreichung des Medikaments)	200	100
Kontrollgruppe (ohne Verabreichung des Medikaments)	50	10

Kann man sagen, das Medikament wirkt? Wenn man lediglich die Ergebnisse der Testgruppe betrachtet, so scheint der Fall eindeutig: In 2/3 der Fälle kam es zu einer Verbesserung des Zustands. Wenn man jedoch die Kontrollgruppe betrachtet, ist das nicht mehr ganz so eindeutig: Hier verbessert sich der Zustand in 5/6 der Fälle. In diesem Fall ist die Wahrscheinlichkeit einer Zustandsverbesserung in der Kontrollgruppe sogar höher als in der Testgruppe. Man kann also nicht sagen, dass das Medikament wirksam ist. Man kann aber umgekehrt auch nicht sagen, dass es unwirksam sei. Weitere Untersuchungen sind in diesem Fall nötig.

Bedingte Wahrscheinlichkeit

Auch bedingte Wahrscheinlichkeiten spielen in der Wissenschaft eine Rolle. Betrachten Sie den folgenden Fall:[85] Stellen Sie sich vor, Sie müssen herausfinden, wie wahrscheinlich es ist, dass Anna eine Schauspielerin ist. Sie gehen in zwei Schritten vor.

1. Sie wissen, dass Anna an einer Party teilgenommen hat, an der 20 Schauspielerinnen und 80 Regieassistentinnen waren. Wie groß ist die Wahrscheinlichkeit, dass Anna eine Schauspielerin ist?
2. Sie wissen, dass Anna in der Vereinigung v Mitglied ist. Sie wissen auch, dass von den 20 Schauspielerinnen 75 Prozent in der Vereinigung v sind, und dass von den 80 Regieassistentinnen 95 Prozent in der Vereinigung v sind. Wie wahrscheinlich ist es ungefähr, dass Anna eine Schauspielerin ist?

Der erste Schritt ist einfach: 20 Prozent. Der zweite Schritt ist schwieriger: 75 Prozent ist ein hoher Prozentsatz, aber die Anzahl an Schauspielerinnen ist im Vergleich zu der Anzahl an Regieassistentinnen klein, und von diesen ist sogar noch ein höherer Prozentsatz in der Vereinigung V. Somit ist die Wahrscheinlichkeit, dass Anna eine Schauspielerin ist, insgesamt geringer als 20 Prozent. Wie hoch sie genau ist, lässt sich mit Hilfe des Satzes von Bayes (s. Kap. 18) berechnen:

$$P(B|A) = P(A|B) * P(A) / P(B)$$

Die Wahrscheinlichkeit, dass Anna eine Schauspielerin ist, gegeben, dass sie in der Vereinigung V ist, beträgt 75 Prozent. Die Wahrscheinlichkeit, dass sie eine Schauspielerin ist, beträgt 20 Prozent. Die Wahrscheinlichkeit, dass jemand von den 100 Personen in der Vereinigung V ist, beträgt 91 Prozent. (75 Prozent von 20 ist gleich 15, d. h., es gibt 15 Schauspielerinnen, die in der Vereinigung V sind, und 96 Prozent von 80 ist gleich 76, d. h., es sind 76 Regieassistentinnen, die in der Vereinigung V sind.) Somit ergibt sich, dass von den 91 Mitgliedern der Vereinigung V 15 Schauspielerinnen sind, d. h., die Wahrscheinlichkeit, dass Anna eine Schauspielerin ist, ist 15/91, d. h. gerundet 16,5 Prozent.

***

1. *Es liegen vier Karten vor Ihnen. Auf der einen Seite der Karte steht jeweils das Reiseziel (Stuttgart, Dortmund, Frankfurt oder Mannheim), auf der anderen Seite der*

Karte steht jeweils die Zuggattung (ICE, IC, EC oder IRE). Die vier Karten liegen so vor ihnen: ICE, IC, Stuttgart, Mannheim. Welche der Karten müssen Sie umdrehen, um folgende Regel zu prüfen: Wenn die Destination Stuttgart ist, dann ist die Zuggattung IC?

2. *Die Wirksamkeit des Medikaments M1 soll getestet werden. Es wird eine Test- und eine Kontrollgruppe gebildet. Was können Sie aus dem folgenden Ergebnis bezüglich der Wirksamkeit von M1 schließen?*

	Verbesserung des Zustands	*Keine Verbesserung des Zustands*
Testgruppe	100	20
Kontrollgruppe	50	10

3. *Stellen Sie sich vor, Sie müssen herausfinden, wie wahrscheinlich es ist, dass eine Person P eine Tennisspielerin ist. Sie gehen in zwei Schritten vor.*
   a) *Sie wissen, dass P an einer Party teilgenommen hat, an der 80 Tennisspielerinnen und 20 Fußballerinnen waren. Wie groß ist die Wahrscheinlichkeit, dass P eine Tennisspielerin ist?*
   b) *Sie wissen, dass P deutschsprachig ist. Sie wissen auch, dass von den 80 Tennisspielerinnen 40 Prozent deutschsprachig sind, und dass von den 20 Tennisspielerinnen 5 Prozent deutschsprachig sind. Wie wahrscheinlich ist es ungefähr, dass P eine Tennisspielerin ist?*[86]

21. Kognitionspsychologischer Hintergrund

In der Kognitionspsychologie wird unter anderem untersucht, wann und weshalb Menschen nicht optimal rational denken und handeln. Rationalität wird dabei wie üblich unterschieden in praktische oder instrumentelle Rationalität sowie in theoretische oder epistemische Rationalität (vgl. Kap. 1). Instrumentelle Rationalität besteht vereinfacht darin, dass man dasjenige tut, was zur Erfüllung von dem führt, was man erreichen will. Epistemische Rationalität besteht vereinfacht darin, dass man das glaubt, was wahr ist bzw. für das es gute Gründe gibt. Die beiden Arten von Rationalität sind auf folgende Weise miteinander verbunden: Wenn wir uns für eine Handlung entscheiden, dann müssen wir uns auf das stützen, was wir glauben.

Rationales Denken erfüllt gewisse Prinzipien, Normen oder Standards, und es erfüllt diese mehr oder weniger gut. Meistens geht man davon aus, dass es ein perfekt oder optimal rationales Denken gibt – auch wenn dies nicht immer zutrifft –, und dass Menschen mehr oder weniger von diesem Standard abweichen können. Im Idealfall kann man also einen Grad von Rationalität bestimmen.

Vielfach nimmt man für die instrumentelle Rationalität das Prinzip der Maximierung des erwarteten Nutzens an (s. Kap. 19). Dieses besagt, dass man diejenige Handlung wählt, die im Vergleich zu den anderen Handlungsoptionen den größten erwarteten Nutzen hat. Den erwarteten Nutzen berechnet man, indem man für alle möglichen Zustände die Wahrscheinlichkeit ihres Eintreffens mit dem Nutzen des Ergebnisses multipliziert und diese Ergebnisse zusammenzählt. Dies setzt voraus, dass man den Nutzen in einer Zahl ausdrücken kann und die Wahrscheinlichkeiten der Zustände tatsächlich kennt. Gesetzt den Fall, dass man die Wahrscheinlichkeiten nicht kennt, muss man sie entweder abschätzen oder davon ausgehen, dass die Wahrscheinlichkeiten der verschiedenen möglichen Zustände gleich hoch sind.

Es hat sich als äußerst schwierig erwiesen, die Rationalität einer Handlung in der Praxis direkt zu bestimmen, weil man die Präferenzen und subjektiven Wahrscheinlichkeiten nicht einfach messen kann. Versucht man, sie im Experiment hervorzurufen, so steht man vor dem Problem, dass man sie nicht unabhängig davon bestimmen kann, wie die Menschen die Situationen beschreiben bzw. wie sie die Beschreibung der Situation interpretieren. Deshalb geht man in der empirischen Forschung in der Psychologie anders vor. Man verwendet den sogenannten »axiomatischen Ansatz«, der auch in den Wirtschaftswissenschaften verwendet wird. Dieser stützt sich auf die Axiome der Entscheidungstheorie. Zu diesen Axiomen zählt unter anderem das der Transitivität: Wenn ein Individuum ein Gut A gegenüber einem Gut B vorzieht, und B gegenüber C, dann sollte es A auch gegenüber C vorziehen. Wenn die Präferenzen eines Individuums den Axiomen der Entscheidungstheorie folgen, dann handelt es so, als würde es seinen Nutzen maximieren. Die Abweichung von der Befolgung der Axiome kann somit als Grad der Abweichung von der optimalen Rationalität angesehen werden.

Die empirische Untersuchung des Verhaltens von Menschen hat ergeben, dass erstens die meisten Menschen in gewissen Situationen von den Axiomen der Entscheidungstheorie abweichen, und dass es zweitens, individuelle Unterschiede zwischen den Menschen in Bezug auf den Grad ihrer Abweichung gibt. Hunderte von empirischen Studien zeigen, dass Menschen zuweilen Wahrscheinlichkeiten falsch einschätzen, keine konsistenten Präferenzen haben, sich in ihrer Entscheidung von irrelevanten Informationen beeinflussen lassen und in vielerlei anderer Hinsicht nicht optimal rational handeln. Im Anschluss an die Arbeiten von Amos Tversky und Daniel Kahneman in den 1970er Jahren spricht man in solchen Zusammenhängen von *kognitiven Verzerrungen* (engl. *cognitive bias*), die auf sogenannten *Heuristiken* (engl. *heuristics*) beruhen. Heuristiken sind geistige Abkürzungen, die in der speziellen Umgebung, in der die Evolution des menschlichen Gehirns stattfand, für das Überleben eines Menschen vorteilhaft waren, in einer anderen Umgebung jedoch zu einer falschen Überzeugung führen können.[87] Für ihre gemeinsamen Arbeiten und insbesondere für ihre Entdeckung davon, wie die Urteile von Menschen systematisch von der in den Wirtschaftswissenschaften angenommenen Rationalität abweichen, hat Kahneman einige Jahre nach dem Tod von Tversky den Nobelpreis für Wirtschaftswissenschaften erhalten.

Tversky und Kahneman unterscheiden zwischen zwei Typen von geistigen Prozessen. Prozesse von Typ 1 sind automatisch, d. h., sie werden durch gewisse Eindrücke direkt ausgelöst. Zumeist werden sie schnell und assoziativ durchgeführt, etwa wenn man ein Gesicht wiedererkennt oder wenn man im Verkehr bremst. Prozesse vom Typ 2 sind nicht automatisch und in der Regel langsamer, da sie zu ihrer Ausführung mehr kognitive Arbeit benötigen, etwa wenn man sich überlegt, wie viel Zeit man zu Fuß benötigt, um ein bestimmtes Kino in der Altstadt zu erreichen. Eine wichtige Funktion der Prozesse von Typ 2 besteht darin, gewisse Prozesse von Typ 1 auszuschalten. Auf diese Weise können Fehler vermieden werden, die durch Heuristiken auf der Ebene der Prozesse von Typ 1 provoziert werden.[88]

In günstigen Umgebungen können die Heuristiken durchaus zu optimalen Resultaten führen, etwa bei der Wahrnehmung und Einordnung von für uns gefährlichen Tieren, bei der Wiedererkennung von Gesichtern oder bei der Wahrnehmung von sich bewegenden Objekten, und dies mit dem Vorteil, dass die Prozesse schneller ablaufen und einen vergleichsweise geringen kognitiven Aufwand erfordern. Doch nicht alle Umgebungen sind günstig. Manchmal gibt es keine Hinweise, die auf der Ebene der Prozesse von Typ 1 verarbeitet werden könnten, oder die Hinweise sind irreführend. Einige Forscher sind der Auffassung, dass die Heuristiken immer das bessere Resultat liefern.[89] Die Ergebnisse der Forschung von Tversky und Kahneman und den Nachfolgern sprechen jedoch gegen diese Annahme. Zudem müsste man dann eine Erklärung dafür liefern, weshalb die Prozesse von Typ 2 in der Evolution überhaupt entstanden sind: Worin sollte ihre evolutionäre Funktion bestehen, wenn nicht darin, Prozesse von Typ 1 zu unterdrücken?

Die Kognitionspsychologen Keith Stanovich, Richard West und Maggie Toplak sind jedoch der Meinung, dass die Theorie von Tversky und Kahneman, entsprechend der man zwei Typen von Prozessen voneinander unterscheiden kann, noch nicht ausreichend ist. Sie haben dies in zahlreichen Studien zu zeigen versucht und ihre Ergebnisse im Buch *The Rationality Quotient* (2016) zusammengefasst. Gemäß ihrer Theorie muss zusätzlich innerhalb der Prozesse von Typ 2 zwischen algorithmischen und reflektierenden Prozessen unterschieden werden. Den Unterschied veranschaulicht Stanovich an zwei Geschichten. In beiden Geschichten stirbt eine Frau, doch die Erklärung für ihren Tod ist unterschiedlich. In der ersten Geschichte spaziert die Frau entlang einer Klippe, und als sie als Nächstes auf einen Stein treten will, ist das, was ihr als Stein erschien, gar kein Stein, sondern ein Loch: Sie fällt die Klippe hinunter und stirbt. In der zweiten Geschichte spaziert die Frau entlang derselben Klippe und begeht Suizid, indem sie von der Klippe springt.

In beiden Fällen wirken dieselben physikalischen Gesetze. Im ersten Fall hat die Frau ein Loch für einen Stein gehalten. Ein Kognitionspsychologe würde sagen, dass ihr Informationsverarbeitungssystem nicht korrekt funktionierte. Die Wahrnehmung lieferte Informationen, die zu einem falschen Bild der Wirklichkeit und deshalb zum Tod führten. Stanovich bezeichnet diese Ebene der Informationsverarbeitung als die algorithmische Ebene.

Im zweiten Fall funktionierte das Informationsverarbeitungssystem der Frau tadellos. Sie nahm die Klippe korrekt wahr und entschied sich, zu springen. Ihre Überlegung fand auf einer anderen Ebene statt. Stanovich nennt dies die reflektierende Ebene.[90] Stimmt man dieser weiteren Unterscheidung zu, so gelangt man zu einer dreiteiligen Theorie: die Ebene des autonomen Verstandes (Typ 1), die des algorithmischen Verstandes und die des reflektierenden Verstandes (beide Typ 2). Der algorithmische Verstand enthält die kognitiven Fähigkeiten, die von einem IQ-Test gemessen werden. Der reflektierende Verstand enthält Fähigkeiten zur Selbstregulierung und epistemische Werte, zum Beispiel das Streben nach Wahrheit. Er hat unter anderem die Funktion, die Ausschaltung von Heuristiken auf der Ebene des autonomen Verstandes durch den algorithmischen Verstand zu initiieren. Intelligenz und Rationalität werden hier getrennt. Wer sehr intelligent ist, muss deshalb noch nicht rational sein. Und man kann sehr rational und zugleich durchschnittlich intelligent sein.

Diese dreiteilige Theorie dient Stanovich, West und Toplak als theoretischer Hintergrund für die Klassifizierung und Erklärung von kognitiven Verzerrungen. Menschen tendieren grundsätzlich dazu, den kognitiven Aufwand, den sie für etwas aufwenden müssen, zu minimieren. Man vergleicht in der Sozialpsychologie diese Tendenz, möglichst wenig kognitiven Aufwand zu betreiben, mit der Tendenz von einem Geizkragen, der möglichst wenig Geld ausgeben will, und spricht deshalb von den Menschen als »kognitiven Geizkragen« (*cognitive misers*). Wer schnell und ohne großen Aufwand ans Ziel gelangt, hat dadurch einen Überlebensvorteil. Zugleich können auf diese Weise aber auch Fehler entstehen. Die Tendenz, den kognitiven Aufwand zu minimieren, führt erstens dazu, dass Menschen, wenn möglich, auf Prozesse von Typ 1 zurückgreifen. Zweitens führt sie dazu, dass die Menschen dann, wenn es nicht möglich ist, auf Prozesse von Typ 1 zurückzugreifen, auf Prozesse von Typ 2 zugreifen, die mit möglichst wenig Aufwand verbunden sind. Mit wenig Aufwand verbunden sind etwa Prozesse, die seriell, assoziativ und auf ein einziges Modell bezogen sind. Das bedeutet, dass sich hier nur auf einen einzigen Sachverhalt bezogen wird und keine alternativen Möglichkeiten ins Auge gefasst werden.

Der reflektierende Verstand kann solche kognitiven Prozesse zumindest im Prinzip unterbrechen. Die Kenntnisse, Regeln und Strategien, die zur Veränderung von Repräsentationen und damit auch zur Unterbrechung von kognitiven Prozessen führen können, werden von Stanovich, West und Toplak als *Mindware* bezeichnet, als eine Art Verstandessoftware. Unsere *Mindware* umfasst unter anderem unser Verständnis von Wahrscheinlichkeiten sowie Denkregeln wie die, alternative Hypothesen zu berücksichtigen. Im Unterschied zu der Art von Intelligenz, die mit einem IQ-Test gemessen wird, kann man *Mindware* lernen.

Mindware spielt auf allen drei Ebenen des Geistes eine Rolle, also beim autonomen, algorithmischen und reflektierenden Verstand. Damit ein Mensch einen schlechten oder suboptimalen Prozess unterdrücken und sich rational verhalten kann, müssen drei Bedingungen erfüllt sein:

Erstens muss erkannt werden, dass ein Konflikt zwischen der ersten Reaktion und der durch die normativen Standards der Rationalität vorgegebenen Reaktion besteht.

Zweitens muss die relevante *Mindware* vorhanden und abrufbar sein.

Drittens müssen die kognitiven Kapazitäten auf der Ebene des algorithmischen Verstandes hinreichend dafür sein, die Prozesse der Unterdrückung und Simulation alternativer Möglichkeiten auch wirklich durchzuführen.

Die drei Forscher unterscheiden zwischen zwei Arten von Denkfehlern, erstens solchen, die den Prozess betreffen, also sogenannten Prozessfehlern, und zweitens solchen, die das Wissen betreffen, sogenannten *Mindware*-Fehlern. Zu Prozessfehlern kommt es vor allem deshalb, weil wir Menschen kognitive Geizkragen sind. Die Forscher unterscheiden bei Prozessfehlern drei Arten:

Erstens: Man zieht sich auf Prozesse im autonomen Verstand zurück. In dem Fall findet gar kein reflektierendes Denken statt, d. h. es wird gar kein Konflikt zwischen verschiedenen Reaktionen erkannt. Es springt stattdessen einfach der autonome Verstand ein.

Zweitens: Es gelingt nicht, den Prozess im autonomen Verstand auszuschalten. In diesem Fall wird ein Konflikt zwischen verschiedenen Reaktionen erkannt, doch kann die erste Reaktion nicht unterdrückt werden.

Drittens: Man zieht sich auf Prozesse im algorithmischen Verstand zurück, die seriell, assoziativ und auf ein einziges Modell bezogen sind, also auf Prozesse, die vergleichsweise wenig Aufwand verlangen.

Mindware-Fehler betreffen Wissen. Stanovich, West und Toplak stellen zwei Arten von *Mindware*-Fehlern heraus, nämlich:

Erstens Fehler, die auf ein Fehlen von Wissen (*mindware gap*) zurückzuführen sind. Bei Fehlern dieser Art ist das nötige Wissen gar nicht vorhanden.

Zweitens Fehler, die auf schlechte *Mindware* (*contaminated mindware*) zurückzuführen sind. Bei Fehlern dieser Art wird auf Überzeugungen zurückgegriffen, die zu einem Resultat führen, das vergleichsweise wenig rational ist.

Prozessfehler		
Rückzug auf Prozesse im autonomen Verstand	Unvermögen, den Prozess im autonomen Verstand auszuschalten	Rückzug auf Prozesse im algorithmischen Verstand mit wenig kognitivem Aufwand

Mindware-Fehler	
Fehlen von Wissen (*mindware gap*)	Schlechte *Mindware* (*comtaminated mindware*)

Auf der Grundlage dieser Theorie und Einteilung der Denkfehler entwickelten die drei Forscher einen umfangreichen Test zur Messung der Rationalität (*Comprehensive Assessment of Rational Thinking*). Darin klassifizieren sie die Denkaufgaben in vier Kategorien, nämlich erstens Aufgaben, in denen vor allem Prozesse verlangt sind (u.a. das Erkennen von Konflikten zwischen Reaktionen, das Unterdrücken von Reaktionen, hypothetisches Denken), zweitens in Aufgaben, in denen vor allem Wissen verlangt ist. Zu diesen zwei ersten Kategorien zählen sie Aufgaben zum Rechnen mit Wahrscheinlichkeiten und zum wissenschaftlichen Denken, denn beide verlangen sowohl Prozesse als auch Wissen. Zur ersten Kategorie gehören unter anderem die Vermeidung von geiziger Informationsverarbeitung, die Ausschaltung von Wirkungen, die auf irrelevantem Kontext beruhen, und Bestätigungsfehler.

Die dritte Kategorie bezieht sich auf die Vermeidung von schlechter *Mindware* und die vierte Kategorie auf jene kognitiven Dispositionen, die ein gründliches, vorsichtiges und unverzerrtes Denken sowie die Wissensaneignung unterstützen.

All diese Punkte sollten Ihnen einigermaßen bekannt vorkommen, denn sie waren Thema dieser Einführung in das kritische Denken, doch habe ich genau die umgekehrte Reihenfolge für meine Darstellung gewählt. Zuerst wurden Dispositionen zur Unterstützung des rationalen Denkens thematisiert, weil diese grundlegend für alles Weitere sind, und erst gegen Ende ging es um Aufgaben der Wahrscheinlichkeitsrechnung und des wissenschaftlichen Denkens, weil diese mehr Wissen verlangen. Im Einzelnen wurden die folgenden Punkte in den sich anschließenden Kapiteln behandelt, vorwiegend im Fließtext und in den Aufgaben, zum Teil aber auch nur in den Aufgaben am Ende der Kapitel:

Dispositionen	Vermeidung schlechter *Mindware*
Geistige Offenheit (Kap. 2)	Aberglaube (Kap. 4) Wissenschaftsskepsis (Kap. 5) Verschwörungstheorien (Kap. 6)

<table>
<tr><th>Aufgaben, in denen vor allem Prozesse verlangt sind</th><th>Aufgaben, in denen vor allem Wissen verlangt ist</th></tr>
<tr><td>Vermeiden von Prozessfehlern:
– Vorschnelles Schließen (Kap. 10)
– Intuition als Standardeinstellung (Kap. 12)
– Disjunktives Denken (Kap. 12)
– Verhältnisverzerrung (Kap. 13)
Vermeiden von Rahmungs- und Ankereffekten (Kap. 11)
Vermeiden von Bestätigungsfehlern (myside bias) (Kap. 17)</td><td>Argumente (Kap. 3, 13, 14)
Umgang mit Wahrscheinlichkeiten: Beachtung der Basisrate, Regression zum Mittelwert (Kap. 18)
Erwarteter Nutzen (Kap. 19)</td></tr>
<tr><td colspan="2">Korrelationen und Kausaler Schluss (Kap. 16)
Vermeiden von Konjunktions- und Spielerfehlschluss (Kap. 17)
Wissenschaftliches Denken: Widerlegung von Hypothesen, Kontrollgruppe, Testen von Hypothesen (Kap. 20)</td></tr>
</table>

Kenntnisse der kognitionspsychologischen Theorien von Tversky/Kahneman und Stanovich und Kollegen können uns dabei helfen, zu verstehen, weshalb wir gewisse Denkfehler machen. Sie können außerdem unser Bewusstsein dafür schärfen, wann die Gefahr eines Denkfehlers droht. Und sie liefern schließlich Hinweise darauf, welche Strategien eingesetzt werden können, um die Fehler zu vermeiden.

Nachwort

Diese Einführung in das kritische Denken ist nun zu Ende. Es ist Zeit für einen kurzen Rück- und Ausblick. Und für ein Wort zu den Grenzen des kritischen Denkens.

Sie haben in diesem Buch unter anderem gelernt, was kritisches Denken ist und wozu es dient. Sie haben einige Strategien kennengelernt, wie Sie gewisse Denkfehler vermeiden oder ihre Auswirkungen minimieren können. Sie haben sich einiges Wissen darüber angeeignet, wie man Argumente möglichst gut einsetzt und Argumente auf ihre Gültigkeit und Stärke beurteilt. Mit den Aufgaben konnten Sie dieses Wissen und die Strategien anwenden und üben, dadurch Ihr kritisches Denken stärken. Nun können Sie, wenn Sie möchten, das kritische Denken weiter anwenden und üben. Um das Argumentieren zu üben, eignet sich besonders gut das Gespräch mit anderen, am besten mit Freunden, die ein echtes Interesse daran haben, sich uns verständlich zu machen und uns zu verstehen, und die somit bereit sind, unsere Meinungen zu kritisieren und ihre Meinungen unserer Kritik auszusetzen. Dabei ist zu bedenken, dass ein kritischer Denker zu sein, immer auch bedeutet, die eigenen Meinungen in Frage zu stellen. Gerade dann, wenn es uns wichtig ist, eine rationale Entscheidung zu treffen, und wir das Gefühl haben, gut überlegt zu haben, müssen wir immer für Kritik empfänglich bleiben. Die Anwendung des kritischen Denkens bleibt dabei natürlich ein anstrengender, aber auch befriedigender Teil unseres Lebens.

Rationalität ist allerdings nur ein Wert unter vielen und sicherlich nicht der wichtigste. Man würde den Status des kritischen Denkens für das Leben falsch einschätzen, wenn man glaubte, es komme im Leben nur darauf an, möglichst rationale Entscheidungen zu treffen. Wir sind emotionale und soziale Wesen. Wir haben religiöse und ästhetische Empfindungen. Wir sind Personen mit einer Geschichte. Wir bilden zusammen mit anderen Gemeinschaften, die ebenfalls eine Geschichte haben. All dies gilt es nicht zu vergessen, wenn wir uns darum bemühen, Entscheidungen zu treffen, die möglichst rational sind.

Lösungen zu ausgewählten Aufgaben

Kapitel 3

1. In den folgenden Antworten sind Prämissen kursiv und Konklusionen unterstrichen ausgezeichnet.
   (1) Kein Argument.
   (2) Argument: *Wenn Fido eine Katze ist, dann hat Fido vier Beine. Fido ist eine Katze.* Also hat Fido vier Beine.
   (3) Argument: Alle Menschen sind sterblich, denn *Menschen sind Lebewesen.* (Anmerkung: Dieses Argument ist unvollständig. Vollständig würde es z. B. mit der Prämisse: *Alle Lebewesen sind sterblich.*)
   (4) Argument: *Wenn du dies auf leeren Magen trinkst, wirst du Bauchschmerzen haben. Du willst keine Bauchschmerzen haben,* also solltest du dies nicht trinken.
   (5) Argument: *Hamburg liegt nördlich von Münster, und Münster liegt nördlich von Köln,* folglich liegt auch Hamburg nördlich von Köln.
3. (1) Anna war nicht die Täterin. (2) Berta war die Täterin. (3) Berta ist sterblich. (4) Das Spiel findet nicht statt. (5) Keine Konklusion möglich.

Kapitel 8

1. a) »ging« für ›sich zu Fuß fortbewegen‹ oder für ›sich an einen bestimmten Ort bewegen‹; »Bank« für ›Sitzgelegenheit‹ oder für ›Geldinstitut‹. b) »verlässt« für ›sich wegbewegen‹ und »Geschäft« für ›ein Gebäude‹, oder

»verlässt« für ›sich trennen‹ und »Geschäft« für ›das Unternehmen‹. c) »Ziel« für ›Ende‹ oder ›Zweck‹. d) Anja und Klaus sind ineinander verliebt oder jeweils in jemand anderes. e) »rechts« und »Mitte« für ›Positionen im Gesichtsfeld‹ oder für ›politische Positionen‹. f) Der Satz ist hochgradig mehrdeutig. Mit »Arbeitsplatz« können ›konkrete Orte‹ (z. B. in einer Werkstatt) oder ›die Stellen‹ gemeint sein. Mit »Schutz« kann im ersten Fall gemeint sein, dass die Orte vor Gefahren geschützt werden müssen, im zweiten Fall, dass die Stellen erhalten bleiben sollen. Der Satz ist passiv formuliert. Es muss ergänzt werden, an wen die Forderung gerichtet ist, und worin genau die Forderung besteht.

4. a) Alle. (Strikte Allgemeinheit, da Hunde per Definition Säugetiere sind.) b) Abgesehen von Ausnahmen alle. c) Einige. d) Verschiedene Antworten. Eine Möglichkeit: Die meisten Männer sind gewalttätiger als die meisten Frauen. e) »immer« durch »oft« ersetzen. f) Verschiedene Antworten. Eine Möglichkeit: Einige.
5. Nehmen wir an, die Bevölkerung bestünde aus nur zehn Personen. Das bedeutet: Die Steuererleichterung beträgt insgesamt 10 000 Euro. Die Steuersenkungen könnten zum Beispiel so aufgeteilt sein: zwei Personen erhalten je 3000 Euro, zwei Personen erhalten je 1000 Euro, vier Personen erhalten je 500 Euro und zwei Personen je 250 Euro. Der Median liegt zwischen 1000 und 500, also bei 750 Euro. Der Modalwert liegt bei 500. Beide sind deutlich tiefer als der Mittelwert.

Kapitel 9

1. a) notwendig, nicht hinreichend. b) notwendig, hinreichend. c) nicht notwendig, hinreichend
2. a) nicht notwendig, nicht hinreichend. b) nicht notwendig, nicht hinreichend. c) nicht notwendig, hinreichend. d) notwendig, nicht hinreichend. e) nicht notwendig, hinreichend. f) nicht notwendig, nicht hinreichend

Kapitel 12

1. a) 5 Minuten. b) 47 Tage.
2. a) Der Mann betrachtet ein Porträt seines Sohnes. Denn der Sohn meines Vaters bin ich selbst, und ich bin also der Vater des Mannes auf dem Bild. b) Weder ein Ritter noch ein Schurke kann behaupten, dass er ein Schurke sei, denn der Ritter würde die falsche Aussage machen, dass er ein Schurke sei, und der Schurke die wahre Aussage, dass er ein Schurke ist. Also hat A nicht gesagt, dass er ein Schurke ist. Also hat B gelogen. Also ist B ein Schurke. Also hat C die Wahrheit gesagt. Also ist C ein Ritter.
3. Man teilt die Tabletten in Hälften und nimmt von jeder Tablette eine Hälfte zu sich.
4. Es ist rational, aus Sack A zu ziehen, weil die Wahrscheinlichkeit hier höher ist, auch wenn die absolute Anzahl kleiner ist.

Kapitel 13

1. a) Das Argument ist deduktiv stichhaltig. b) Das Argument ist gültig, aber nicht stichhaltig, denn die erste Prämisse ist falsch. c) Das Argument ist schwach. d) Das Ar-

gument ist nicht-deduktiv stichhaltig. e) Wenn das Argument als deduktiv gedacht wird, so lautet das Urteil, dass es ungültig ist, denn es gibt sterbliche Wesen, die den Tod nicht fürchten können, z. B. Pflanzen. Und als nicht-deduktives Argument ist es schwach.

2. a) Beide Argumente sind eher stark. b) Beide Argumente sind stichhaltig. c) Da beides nicht-deduktiv stichhaltige Argumente sind, ihre Konklusionen aber einander gegenseitig ausschließen – Person A kann nicht zugleich einer religiösen Gemeinschaft angehören und keiner religiösen Gemeinschaft angehören –, ist es ohne zusätzliche Informationen weder vernünftig zu glauben, dass sie einer angehört, noch ist es vernünftig zu glauben, dass sie keiner Gemeinschaft angehört.

Kapitel 14

1. Mögliche Rekonstruktionen:

   a)

   1. Kein nicht-menschliches Tier kann denken.
   2. Schimpansen sind nicht-menschliche Tiere.

   Also:

   3. Kein Schimpanse kann denken.

   b)

   1. In der Massentierhaltung leiden Tiere.
   2. Das Leid der Tiere in der Massentierhaltung ist unnötig.
   3. Indem wir Fleisch aus Massentierhaltung essen, fügen wir Tieren unnötiges Leid zu.
   4. Wir sollen, wenn möglich, keinem Tier unnötiges Leid zufügen.

Also:
5. Wir sollen kein Fleisch aus Massentierhaltung essen.

c)
1. Alle Handlungen von Personen, die den eigenen Körper betreffen, sollen legal sein, solange sie niemandem, weder anderen, noch der Person selbst, schaden.
2. Wenn eine Frau willentlich eine Schwangerschaft abbricht, so führt sie damit eine Handlung aus, die nur ihren eigenen Körper betrifft und weder ihr selbst, noch anderen schadet.

Also:
3. Der Schwangerschaftsabbruch soll legal sein.

2. Mögliche Rekonstruktionen

a)
1. Wenn Sterbehilfe nicht legal ist, werden die Qualen für einige Todkranke verlängert.
2. Keine Qualen für Todkranke sollen verlängert werden.

Also:
3. Sterbehilfe soll legal sein.

b)
1. Wenn Sterbehilfe legal ist, dann werden einige Menschen erpresst, dass sie ihrem eigenen Tod zustimmen, obwohl sie dies nicht wollen.
2. Kein Mensch soll erpresst werden, dem eigenen Tod zuzustimmen, wenn er das nicht will.

Also:
3. Sterbehilfe soll nicht legal sein.

Kapitel 15

1.1. c), 1.2. a), 1.3. b).

Kapitel 16

1. Nein, man kann nicht von der bloßen Korrelation schließen, dass das eine die Ursache des anderen ist. Es könnte sich um eine zufällige Korrelation handeln, bzw. es könnte auch sein, dass diejenigen mit höherem IQ öfters Alkohol trinken.
2. Nein, die bessere Erklärung lautet, dass eine gemeinsame Ursache vorliegt: Das gegnerische Team, das mehr Zuschauer anzieht, spielt in der Regel auch besser, und somit ist die Wahrscheinlichkeit größer, dass das lokale Team verliert.
3. a) Weizen. b) Eine Diät ohne Weizen durchführen. c) Es könnte sein, dass Milch und Nüsse oder Muscheln, oder Eier und Nüsse oder Muscheln, oder noch andere Kombinationen, die Verdauungsprobleme ebenfalls hervorrufen. d) Diäten mit den entsprechenden Kombinationen durchführen (sofern die Verdauungsprobleme bei der Diät ohne Weizen aufgetreten sind).

Kapitel 17

1. 1/6.
2. Gleich wahrscheinlich.
3. Aufgrund der statistischen Verteilung – es gibt viel mehr Kaufleute als Ärzte – ist es wahrscheinlicher, dass der Mann mit Brille ein Kaufmann ist.

4. Die richtige Antwort ist d), denn die Aussage der Freundin, dass es ihr geholfen hätte, bedeutet nur, dass ihr Zustand sich verbessert hat, nicht aber, dass dies aufgrund des Medikaments der Fall war. Andererseits kann man auch nicht sagen, dass das Medikament keine Wirkung hat. Aufgrund der Informationen kann man auch nichts über die Wirksamkeit sagen.

Kapitel 18

1. Sie sollten Modell B wählen, denn es ist unwahrscheinlicher, dass sich viele Kenner irren, als dass sich ein Einzelner irrt, selbst wenn er Ihr Freund ist.
2. 1 Prozent der Bevölkerung hat das Virus, d. h. 10 von 1000, d. h. 990 von 1000 haben das Virus nicht. In den 10 Fällen von Menschen, die die Krankheit haben, zeigt der Test diese immer korrekt an. Doch von den 990 Fällen von Menschen, die die Krankheit nicht haben, zeigt der Test dennoch in 5 Prozent der Fälle bzw. in etwa 50 Fällen die Krankheit an. Die Wahrscheinlichkeit, dass eine zufällig getestete Person mit positivem Ergebnis die Krankheit tatsächlich hat, beträgt etwa 10/60, d. h. etwa 17 Prozent.
3. Sie sollten wechseln, denn die Wahrscheinlichkeit, dass Sie den Preis nun erhalten, ist 2/3, während er nur 1/2 ist, wenn Sie bei ihrer ursprünglichen Wahl bleiben. Betrachten Sie alle Möglichkeiten:

A	B	C
Preis	nichts	nichts
nichts	Preis	nichts
nichts	nichts	Preis

Nehmen wir an, Sie haben den Vorhang ausgewählt, hinter dem der Preis ist. Dies ist in 1/3 der Fälle so. Wenn Sie wechseln, werden Sie verlieren. Nehmen wir an, Sie haben einen Vorhang gewählt, hinter dem nichts ist. Dies ist in 2/3 der Fälle so. Dann muss der Moderator den Vorhang öffnen, hinter dem nichts ist. Sie gewinnen also den Preis, wenn Sie wechseln. Somit gewinnen Sie in 2/3 der Fälle den Preis, wenn Sie wechseln.

4. Die Wahrheit des Satzes lässt sich mit der Regression zum Mittelwert erklären: Wenn ein Mensch hochintelligent ist, dann ist es sehr wahrscheinlich, dass sein Partner weniger intelligent als er ist.

Kapitel 19

1. Der erwartete Nutzen ist 4 * 1/6 – 1 * 5/6 = -1/6. Da der erwartete Nutzen negativ ist, sollten Sie die Wette nicht eingehen.

4.
   a)

	Es gibt Gott	Es gibt Gott nicht
Glaube, dass es Gott gibt	ewiges Leben	–
Glaube, dass es Gott nicht gibt		

   b) Pascal will damit zeigen, dass der Glaube, dass es Gott gibt, vernünftig sei, weil es damit nur etwas zu gewinnen und nichts zu verlieren gebe.
   c) Man könnte erstens einwenden, dass man sehr wohl

bereits etwas im Leben zu verlieren habe, nämlich die Zeit und die Kosten, die man dafür aufwendet, dass man seinen Glauben lebt. Zweitens könnte man einwenden, dass man dieselbe Überlegung für jede Religion anstellen könnte, so dass es vernünftig wäre, an alle diese Religionen auch zu glauben, auch wenn sie sich widersprechen – das kann aber nicht vernünftig sein!

Kapitel 20

1. Man muss genau die Karten ICE und Stuttgart aufdecken.
2. Aus dem Ergebnis der Studie lässt sich nichts über die Wirksamkeit des Medikaments aussagen. Zwar hat sich der Zustand von vielen Menschen, die das Medikament genommen haben, verbessert, doch blieb das Verhältnis in der Kontrollgruppe unverändert. Somit kann man nichts über die Wirksamkeit aussagen.
3. a) 80 Prozent. b) Von den 80 Tennisspielerinnen sind 32 deutschsprachig, von den 20 Fußballerinnen nur eine. Die Wahrscheinlichkeit, dass eine Person eine Tennisspielerin ist, gegeben, dass sie deutschsprachig ist, beträgt somit 32/33, d. h. etwa 97 Prozent.

Anmerkungen

1 Für viele hilfreiche Hinweise danke ich Verena Thaler, Daniel Pfister, Michel Borner, Cyrill Mamin, Peter Zimmermann und Tobias Zürcher sowie Harald Katzer.

2 Stanovich 2009; Stanovich/Stanovich 2010; Stanovich/West/Toplak 2016. Über einen Einsatz der Theorie zur Schulung des kritischen Denkens vgl. Esch 2013.

3 Clifford 1877/1947, S. 70. Zur Idee, die Parabel einzusetzen, vgl. Farmer 2018.

4 Vgl. Clifford 1877/1947, S. 71.

5 Dewey 1910, S. 6 (Übers. J. Pf.): »Active, persistent, and careful consideration of any belief or supposed form of knowledge in the light of the grounds that support it, and the further conclusions to which it tends, constitutes reflective thought.«

6 Siehe Hitchcock 2018 für eine ausführlichere Darstellung der Kenntnisse, Fähigkeiten und Dispositionen des kritischen Denkens.

7 Wimmer/Perner 1983.

8 Piaget 1926.

9 Chandler/Boyes/Ball 1990.

10 Pfister 2019.

11 Platon, *Politeia* 614a–621b.

12 Loftus/Palmer 1974.

13 Swedenborg 1747–58, zit. in: Kant 1976, S. 97 f.

14 Stephan Cezanne, »Rätselhafte Hinweise auf ein Leben nach dem Tod«, in: *Die Welt*, 13. 5. 2013, online: https://www.welt.de/wissenschaft/article116120285/Raetselhafte-Hinweise-auf-ein-Leben-nach-dem-Tod.html

15 Frei nach Flew 1950–51; vgl. Farmer 2018.

16 Popper 1935, S. 13.

17 Ich danke Tobias Zürcher für diesen Hinweis.

18 Schleichert 1997.

19 *Die Vorsokratiker*, Kap. 3,3: Xenophanes, S. 227.

20 Schleichert 1997.

21 Jaster/Lanius 2019, S. 26–33.

22 Frankfurt 1986.
23 Vgl. Jaster/Lanius 2019, S. 95–98; auch im wissenschaftlichen Kontext muss man Informationen über den Text einholen, siehe Brun/Hirsch Hadorn 2009, S. 16–23.
24 Pfister 2013, S. 208 f.
25 Ebd., S. 83 f.
26 Aristoteles, *Poetik*, 1457b, S. 67.
27 Pfister 2013, S. 210–212.
28 Vgl. Schulz von Thun 1981, bes. S. 14 f.
29 Rosenberg 2016, S. 21 f., 211.
30 Pfister 2013, S. 59–66.
31 Kahneman 2012, S. 112–115.
32 Vgl. Thagard 2011.
33 Ebd.
34 Tversky/Kahneman 1981, S. 453; Kahneman 2012, S. 453. In der genauen Formulierung von Tversky und Kahneman ist die Rede von einer »ungewöhnlichen asiatischen Krankheit«, die sich in den USA ausbreitet, und ist deshalb unter dem Namen »Problem der Asiatischen Krankheit« bekannt.
35 Tversky/Kahneman 1981, S. 453; Kahneman 2012, S. 453 f.
36 Kahneman 2003.
37 Stanovich/West/Toplak 2016, S. 143.
38 Tversky/Kahneman 1974.
39 Kahneman 2012, S. 152.
40 Ebd., S. 153–157.
41 Ebd., S. 160.
42 Ebd., S. 161.
43 Ebd., S. 112–115.
44 Frederick 2005, S. 27.
45 Ebd.
46 Stanovich/West/Toplak 2016, S. 53.
47 Die Aufgabe, als Neun-Punkte-Problem bekannt, findet man bereits in Samuel Loyds *Cyclopedia of Puzzles*, New York 1914.
48 Stanovich/West/Toplak 2016, S. 112.
49 Ebd., S. 137–139.
50 Ebd.

51 Gigerenzer 2007.
52 Frederick 2005, S. 27.
53 Ebd.
54 Smullyan 1981, S. 7.
55 Ebd., S. 17.
56 Denes-Raj/Epstein 1994. Veronika Denes-Raj und Seymour Epstein diskutieren in dem Artikel verschiedene Versionen solcher Aufgaben.
57 Bowell/Kemp 2014, S. 123 f.
58 Stanovich/West/Toplak 2016, S. 53 f., 119 f.
59 Pfister 2006, Anh., S. 244–253.
60 Bowell/Kemp 2014, S. 83–86; Vaughn 2005, Kap. 3.
61 Harrell 2008.
62 Betz 2016, S. 173–175. Im Internet begegnet man verschiedenen Programmen zur Erstellung von Argumenten, z. B. *Argdown*.
63 Zur Argumentrekonstruktion siehe Pfister 2013, S. 212–219; Brun/Hirsch Hadorn 2014, S. 201–219; Brun 2016.
64 Betz 2016, S. 188 f.
65 Ebd., S. 194–196.
66 Wolfgang Prosinger / Sebastian Bickerich, »Soll Sterbehilfe erlaubt werden?«, in: *Der Tagesspiegel*, 19. 6. 2007, online: https://www.tagesspiegel.de/meinung/pro-und-contra-soll-sterbehilfe-erlaubt-werden/962550.html
67 Pfister 2013, S. 105; vgl. Fogelin/Sinnott-Armstrong 2009, S. 265.
68 Pfister 2013, S. 104–109; vgl. Quine/Ullian 1978, Kap. VI; Fogelin/Sinnott-Armstrong 2009, Kap. 9; Vaughn 2005, Kap. 9.
69 Pfister 2013, S. 109.
70 Ebd., S. 112.
71 Stanovich/West/Toplak 2016, S. 336.
72 Vgl. ebd., S. 90–92, 332 f.
73 Kahneman 2012, S. 195 f.
74 Stanovich/West/Toplak 2016, S. 85–87.
75 Kahneman 2012, S. 526 f.; Stanovich/West/Toplak 2016, S. 87–89.
76 Tversky/Kahneman 1974; Stanovich/West/Toplak 2016, S. 89 f.
77 Tversky/Kahneman 1982; Kahneman 2012, S. 208.
78 Stanovich/West/Toplak 2016, S. 81 f.

79 Die Theorie von Bayes ist deshalb so wichtig für das kritische Denken, weil mit diesem erklärt und berechnet werden kann, wie sich die Wahrscheinlichkeit einer Überzeugung aufgrund neuer Evidenz ändert. Damit kann man auch zeigen, dass die Gewissheit, dass ein Ereignis eintritt, also das Zuschreiben der Wahrscheinlichkeit 0 oder 1, durch neue Evidenz gar nicht verändert werden kann. In den meisten Fällen ist es jedoch rational, bereit zu sein, seine Überzeugungen aufgrund neuer Information zu verändern. Mit Hilfe der Theorie von Bayes können wir erklären, dass es bedeutet, offen zu sein für Gründe und sich nie ganz sicher zu sein. (Ich danke Tobias Zürcher für diesen Hinweis.)
80 Kahneman 2012, S. 219 f.
81 Vgl. Stanovich/West/Toplak 2016, S. 333 f.
82 Vgl. ebd., S. 83.
83 Kahneman 2016, S. 227.
84 Cosmides/Tooby 1992.
85 Stanovich 2016, S. 100 f.
86 Stanovich/West/Toplak 2016, S. 101.
87 Tversky/Kahneman 1974.
88 Eine sehr lesenswerte Darstellung liefert Kahneman in seinem Bestseller *Schnelles Denken, Langsames Denken* (2012).
89 Z. B. Gigerenzer 2007.
90 Stanovich 2009; Stanovich/Stanovich 2010.

Literaturhinweise

Aristoteles: Poetik. Griech./Dt. Übers. und hrsg. von Manfred Fuhrmann. Stuttgart 1982 [u. ö.]. (Reclams Universal-Bibliothek. 7828.)

– Rhetorik. Übers. und hrsg. von Gernot Krapinger. Stuttgart 2018. (Reclams Universal-Bibliothek. 19397.)

Betz, Gregor: Logik und Argumentationstheorie. In: Jonas Pfister / Peter Zimmermann (Hrsg.): Neues Handbuch des Philosophie-Unterrichts. Bern 2016. S. 169–199.

Bowell, Tracey / Gary Kemp: Critical Thinking. A Concise Guide. London 2001. [4]2014.

Brun, Georg: Textstrukturanalyse und Argumentrekonstruktion. In: Jonas Pfister / Peter Zimmermann (Hrsg.): Neues Handbuch des Philosophie-Unterrichts. Bern 2016. S. 247–274.

– / Gertrude Hirsch Hadorn: Textanalyse in den Wissenschaften. Inhalte und Argumente analysieren und verstehen. Zürich 2009. [2]2014.

Chandler, Michael J. / Michael Boyes / Lorraine Ball: Relativism and Stations of Epistemic Doubt. In: Journal of Experimental Child Psychology 50 (1990) S. 370–395.

Clifford, William K.: The Ethics of Belief and Other Essays [1877]. London 1947.

Cosmides, Leda / John Tooby: Cognitive Adaptions for Social Exchange. In: Jerome Barkow / L. C. / J. T. (Hrsg.): The Adapted Mind: Evolutionary Psychology and the Generation of Culture. New York 1992. S. 163–228.

Denes-Raj, Veronika / Seymour Epstein: Conflict Between Intuitive and Rational Processing: When People Behave Against Their Better Judgment. In: Journal of Personality and Social Psychology 66 (1994) S. 819–829.

Dewey, John: How We Think. Boston 1910.

Die Vorsokratiker. Griech./Dt. Ausgew., übers. und erl. von Jaap Mansfeld / Oliver Primavesi. Stuttgart 2012. (Reclams Universal-Bibliothek. 18971.)

Esch, Emily: A Cognitive Approach to Teaching Philosophy. In: Teaching Philosophy 36 (2013) Nr. 2. S. 107–124.

Farmer, Linda: The Power of Parables in Critical Thinking. In: Teaching Philosophy 41 (2018) Nr. 3. S. 255–259.

Flew, Antony: Theology and Falsification. In: Joel Feinberg (Hrsg.): Reason and Responsibility: Readings in Some Basic Problems of Philosophy. Belmont (CA) 1950–51. 1968. S. 48 f.

Fogelin, Robert J. / Walter Sinnott-Armstrong: Understanding Arguments. An Introduction to Informal Logic. Belmont (CA) [8]2009.

Frankfurt, Harry: On Bullshit. In: Raritan Quarterly Review 6 (1986) Nr 2. S. 81–100. (Dt.: Bullshit. Übers. von Michael Bischoff. Frankfurt a. M. 2006.)

Frederick, Shane: Cognitive Reflection and Decision Making. In: Journal of Economic Perspectives 19 (2005) Nr. 4. S. 25–42.

Gigerenzer, Gerd: Bauchentscheidungen – die Intelligenz des Unbewussten und die Macht der Intuition. München 2007. (Engl.: Gut Feelings. New York 2007.)

Harrell, Maralee: No Computer Program Required: Even Pencil-and-Paper Argument Mapping Improves Critical Thinking Skills. In: Teaching Philosophy 31 (2008) S. 351–374.

Hesiod: Theogonie. Griech./Dt. Übers. und hrsg. von Otto Schönberger. Stuttgart 1999 [u. ö.]. (Reclams Universal-Bibliothek. 9763.)

Hitchcock, David: Critical Thinking. In: The Stanford Encyclopedia of Philosophy (2018). Online: https://plato.stanford.edu/entries/critical-thinking/

Jaster, Romy / David Lanius: Die Wahrheit schafft sich ab. Wie Fake News Politik machen. Stuttgart 2019. (Was bedeutet das alles? 19608.)

Kahneman, Daniel: A Perspective On Judgment and Choice: Mapping Bounded Rationality. In: American Psychologist 58 (2003) Nr. 9. S. 697–720.

– Schnelles Denken, langsames Denken. Übers. von Thorsten Schmidt. München 2012. (Engl.: Thinking, Fast and Slow. London [u. a.] 2012.)

Kant, Immanuel: Beantwortung der Frage: Was ist Aufklärung? In: Berlinische Monatsschrift (1784) H. 12. S. 481–494. Repr. in: Barbara Stollberg-Rilinger (Hrsg.): Was ist Aufklärung? Thesen, Definitionen, Dokumente. Stuttgart 2010 [u. ö.]. (Reclams Universal-Bibliothek. 18824.) S. 9–17. Und in: I. K.: Denken wagen. Stuttgart 2017. (Was bedeutet das alles? 19418.) S. 7–16.

Loftus, Elizabeth F. / John C. Palmer: Reconstruction of Automobile Destruction: An Example of the Interaction Between Language and Memory. In: Journal of Verbal Learning and Verbal Behavior 13 (1974) Nr. 5. S. 585–589.

Mill, John Stuart: A System of Logic. London 1843. (Dt.: System der deduktiven und induktiven Logik.

Montesquieu: Persische Briefe. Übers. und hrsg. von Peter Schunck. Stuttgart 1991. (Reclams Universal-Bibliothek. 2051.)

Pfister, Jonas: Philosophie. Ein Lehrbuch. Stuttgart 2006. 2., erw. Aufl. 2011. (Reclams Universal-Bibliothek. 18767.)

– Werkzeuge des Philosophierens. Stuttgart 2013. ^{2}2015. (Reclams Universal-Bibliothek. 19138.)

– Classification of Strategies for Dealing with Student Relativism and the Epistemic Conceptual Change Strategy. In: Teaching Philosophy 42 (2019) Nr. 3. S. 221–246.

Piaget, Jean: La représentation du monde chez l'enfant. Paris 1926. (Dt.: Das Weltbild des Kindes. München 1992.)

Platon: Der Staat [Politeia]. Übers. von Gernot Krapinger. Stuttgart 2017. (Reclams Universal-Bibliothek. 19512.)

Popper, Karl: Logik der Forschung. Wien 1935.

Quine, Willard van Orman / Joseph S. Ullian: The Web of Belief. New York ^{2}1978.

Rosenberg, Marshall: Gewaltfreie Kommunikation: Eine Sprache des Lebens. Übers. von Ingrid Holler. Paderborn 2016.

Schleichert, Hubert: Wie man mit Fundamentalisten diskutiert, ohne den Verstand zu verlieren. Anleitung zum subversiven Denken. München 1997. ^{8}2016.

Schulz von Thun, Friedemann: Miteinander reden. Bd. 1: Störungen und Klärungen. Reinbek b. Hamburg 1981. ^{48}2010.

Smullyan, Raymond M.: Wie heißt dieses Buch? Braunschweig 1981.

Stanovich, Keith E.: What Intelligence Tests Miss: The Psychology of Rational Thought. New Haven (CT) 2009.

– / Paula J. Stanovich: A Framework for Critical Thinking, Rational Thinking, and Intelligence. In: David Preiss / Robert J. Sternberg

(Hrsg.): Innovations in Educational Psychology: Perspectives on Learning, Teaching and Human Development. New York 2010. S. 195–237.

– / Richard West / Maggie Toplak: The Rationality Quotient. Cambridge (Mass.) 2016.

Swedenborg, Emanuel: Arcana Coelestia [1747–58]. In: Immanuel Kant: Träume eines Geistersehers erläutert durch Träume der Metaphysik. Hrsg. von Rudolf Malter. Stuttgart 1976 [u. ö.]. (Reclams Universal-Bibliothek. 1320.) S. 95–99.

Thagard, Paul: Critical Thinking and Informal Logic: Neuropsychological Perspectives. In: Informal Logic 31 (2011) Nr. 3. S. 152–170.

Tversky, Amos / Daniel Kahneman: Judgment Under Uncertainty: Heuristics and Biases. In: Science 185 (1974) S. 1124–1131.

– /– The Framing of Decisions and the Psychology of Choice. In: Science 211 (1981) S. 453–458.

– /– Evidential Impact of Base Rates. In: D. K. / Paul Slovic / A. T. (Hrsg.): Judgement Under Uncertainty: Heuristics and Biases. Cambridge 1982. S. 153–160.

– /– Extensional Versus Intuitive Reasoning: The Conjunction Fallacy in Probability Judgment. In: Psychological Review 90 (1983) Nr. 4. S. 293–315.

Vaughn, Lewis: The Power of Critical Thinking: Effective Reasoning About Ordinary and Extraordinary Claims. Oxford 2005. [6]2018.

Wimmer, Heinz / Josef Perner: Beliefs About Beliefs: Representation and the Containing Function of Wrong Beliefs in Young Children's Understanding of Deception. In: Cognition 13 (1983) S. 103–128.

Zum Autor

Jonas Pfister, geb. 1977, studierte Philosophie und Geschichte in Bern und Paris und promovierte in Bern. Seine Forschungsschwerpunkte liegen in den Bereichen der Sprachphilosophie und der Didaktik der Philosophie und Ethik. Zu seinen Publikationen zählen *Philosophie. Ein Lehrbuch* (Reclams Universal-Bibliothek. 18767) und *Werkzeuge des Philosophierens* (Reclams Universal-Bibliothek. 19138).